“赢在开门红”全国各银行巡讲

“赢在开门红”巡讲获得认可

“赢在开门红”课堂展示

中国银行 BANK OF CHINA
赢在开门红 决
8全国巡讲
老师：孙军正博士

中国银行抚州市分行2018年“开门红”
决胜开门红

凝心聚力

赢在开门红 决胜2018
赢在开门红 决胜2018
赢在开门红 决胜2018全国巡讲
主讲老师：孙军正博士

“赢在开门红”证书展示

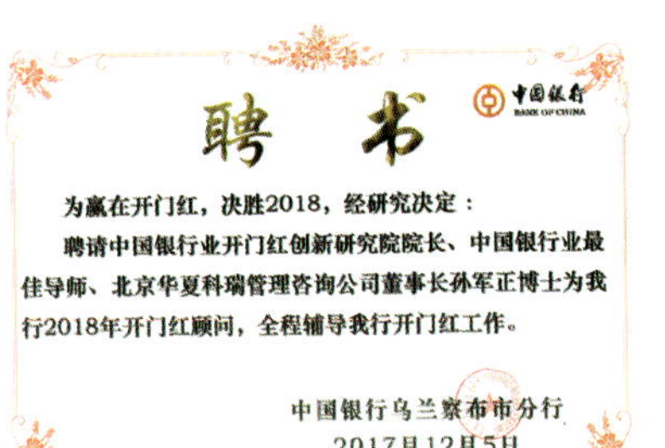

聘书

中国银行 BANK OF CHINA

为赢在开门红，决胜2018，经研究决定：

聘请中国银行业开门红创新研究院院长、中国银行业最佳导师、北京华夏科瑞管理咨询公司董事长孙军正博士为我行2018年开门红顾问，全程辅导我行开门红工作。

中国银行乌兰察布市分行

2017月12月5日

聘书

LETTER OF APPOINTMENT

中国银行 BANK OF CHINA

为赢在开门红，决胜 2018，经研究决定：

聘请中国银行业开门红创新研究院院长、中国银行业最佳导师、北京华夏科瑞管理咨询公司董事长孙军正博士为我行 2018 年开门红顾问，全程辅导我行开门红工作。

中国银行股份有限公司双鸭山分行

2017年12月8日

聘书

LETTER OF APPOINTMENT

为赢在开门红、决胜 2018，经研究决定：

聘请中国银行业开门红创新研究院院长、中国银行业最佳导师、北京华夏科瑞管理咨询公司董事长孙军正博士为我行 2018 年开门红顾问，全程辅导我行开门红工作。

中国银行赤峰分行人力资源部

2017 年 12 月 16 日

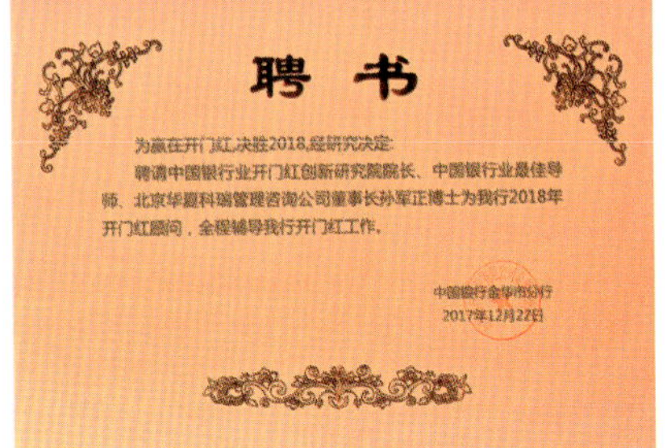

聘书

为赢在开门红,决胜2018,经研究决定:

聘请中国银行业开门红创新研究院院长、中国银行业最佳导师、北京华夏科瑞管理咨询公司董事长孙军正博士为我行2018年开门红顾问，全程辅导我行开门红工作。

中国银行金华市分行

2017年12月22日

中国银行 BANK OF CHINA

聘书

为赢在开门红，决胜 2018，经研究决定：

聘请中国银行业开门红创新研究院院长、中国银行业最佳导师、北京华夏科瑞管理咨询公司董事长孙军正博士为我行 2018 年开门红顾问，全程辅导我行开门红工作。

中国银行齐齐哈尔分行

2017 年 12 月 27 日

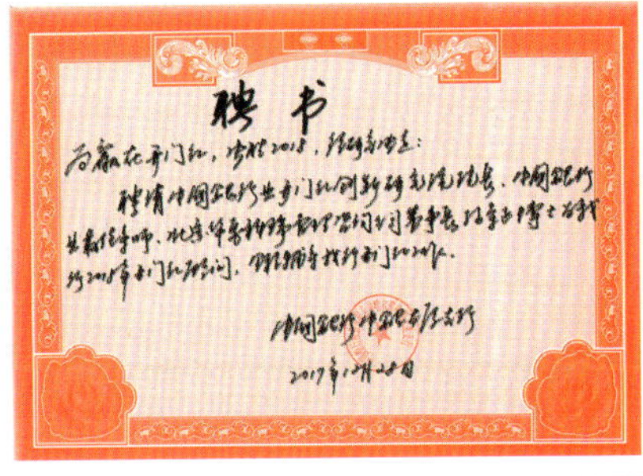

聘书

为赢在开门红，决胜2018，经研究决定：

[illegible]

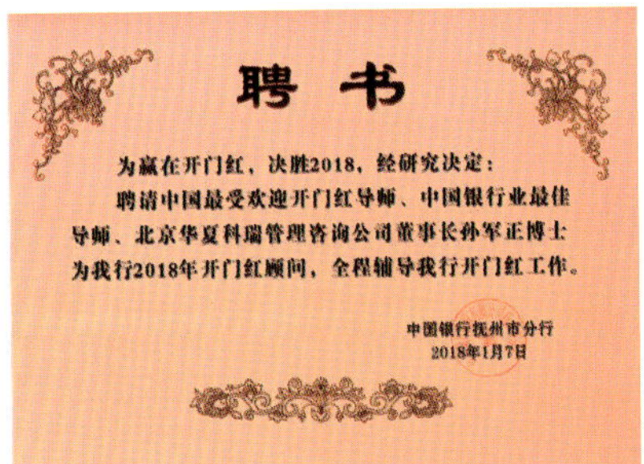

聘书

为赢在开门红，决胜2018，经研究决定：

聘请中国最受欢迎开门红导师、中国银行业最佳导师、北京华夏科瑞管理咨询公司董事长孙军正博士为我行2018年开门红顾问，全程辅导我行开门红工作。

中国银行抚州市分行

2018年1月7日

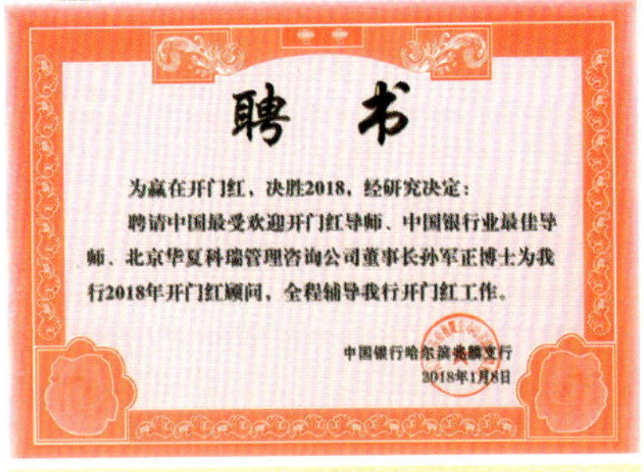

聘书

为赢在开门红，决胜2018，经研究决定：

聘请中国最受欢迎开门红导师、中国银行业最佳导师、北京华夏科瑞管理咨询公司董事长孙军正博士为我行2018年开门红顾问，全程辅导我行开门红工作。

中国银行哈尔滨[illegible]支行

2018年1月8日

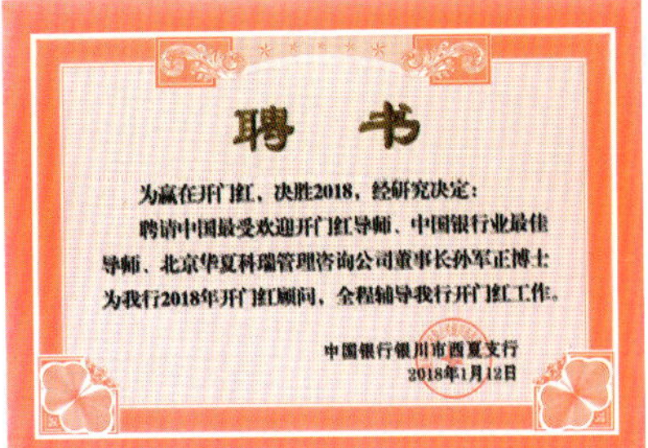

聘书

为赢在开门红，决胜2018，经研究决定：

聘请中国最受欢迎开门红导师、中国银行业最佳导师、北京华夏科瑞管理咨询公司董事长孙军正博士为我行2018年开门红顾问，全程辅导我行开门红工作。

中国银行银川市西夏支行

2018年1月12日

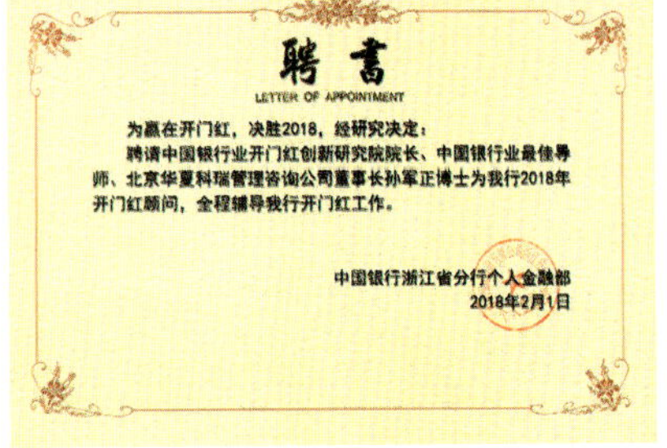

聘書

LETTER OF APPOINTMENT

为赢在开门红，决胜2018，经研究决定：

聘请中国银行业开门红创新研究院院长、中国银行业最佳导师、北京华夏科瑞管理咨询公司董事长孙军正博士为我行2018年开门红顾问，全程辅导我行开门红工作。

中国银行浙江省分行个人金融部

2018年2月1日

商业银行“赢在开门红”系列丛书

赢在开门红

重建有效沟通新思维

孙军正／著

中国财富出版社

图书在版编目（CIP）数据

赢在开门红：重建有效沟通新思维 / 孙军正著．—北京：中国财富出版社，2019.4

（商业银行“赢在开门红”系列丛书）

ISBN 978－7－5047－6846－9

Ⅰ.①赢…　Ⅱ.①孙…　Ⅲ.①商业银行—银行管理　Ⅳ.①F830.33

中国版本图书馆 CIP 数据核字（2019）第 050551 号

策划编辑 谢晓绚　　**责任编辑** 周　畅

责任印制 梁　凡　郭紫楠　　**责任校对** 孙会香　卓闪闪　　**责任发行** 董　倩

出版发行 中国财富出版社

社　　址 北京市丰台区南四环西路 188 号 5 区 20 楼　　**邮政编码** 100070

电　　话 010－52227588 转 2048/2028（发行部）　010－52227588 转 321（总编室）

010－52227588 转 100（读者服务部）　010－52227588 转 305（质检部）

网　　址 http://www.cfpress.com.cn

经　　销 新华书店

印　　刷 北京京都六环印刷厂

书　　号 ISBN 978－7－5047－6846－9/F·3009

开　　本 710mm×1000mm　1/16　　**版　　次** 2019 年 6 月第 1 版

印　　张 13.25　**彩　插** 4　　**印　　次** 2019 年 6 月第 1 次印刷

字　　数 188 千字　　**定　　价** 45.00 元

前言

过去，商业银行在管理、经营等方面，都是借鉴较为成熟的管理方法，然后自我消化为自己的理念。可以用“走捷径”三个字来形容。事实上，这样的“捷径”并不像想象中那么好走。

山东有一家商业银行，为了提高营销质量，引入5S（整理、整顿、清扫、清洁、素养）现场管理法。5S现场管理法是非常成熟、经典的，适用范围非常广。但是这家银行并未取得预想的效果，内部管理不到位，各部门脱节，服务也做得不好，客户投诉率很高。为什么会这样？迷雾重重，让人看不懂。该银行行长也开始怀疑：“是不是哪里做得不到位？”而银行员工则说：“我们做事，从来都是‘熊瞎子掰棒子’，虽然按照标准‘掰’，但是总不能让领导满意！领导不满意，却说不出不满意的原因，也从不告诉我们如何才能让他满意！”说到这里，想必大家都明白了：管理不到位，不是因为方法不对，而是因为上下级、各部门、人与人之间缺少一种信任和沟通。

如今，有一些商业银行管理者认为沟通并不重要。有人认为，命令可以代替沟通。命令是管理中的一种重要工具，但是这种工具带有明显的“压迫”性，缺乏“温柔”，会让人反感。因此许多银行员工抱怨：“这种任务，换成谁也无法完成！”难道任务真完不成吗？笔者认为，不是任务完不成，而是管理者传达命令的语气令人反感。如果商业银行管理者能够意识到这样的问题，在传达命令的时候采取一种商量的口吻，就能够让下属感受到获得了尊重。同理，商业银行员工汇报工作、商业银行客户经理营销产品、商业银行售后人员服务客户都需要采取一种沟通式的、宽松的、不令人反感的方式。

现代管理中有这样一个共识：管理就是沟通。事实上，经营也是沟通，服务也是沟通，人类的社交活动都离不开沟通。夫妻之间缺乏沟通，感情会越来越淡，距离会越来越远；朋友之间缺乏沟通，友谊会产生间隙，双方不再亲密；上下级之间缺乏沟通，会给工作执行造成阻碍；与客户缺乏沟通，客户就会终止合作关系，给企业造成损失。许多企业到了客户即将流失的地步才启动危机公关，这种“亡羊补牢”的做法只是一种“止损”疗法而已。许多企业家认为：管理即沟通，沟通就是一种管理“武器”。商业银行开展开门红活动，以开门红带动全年红，以全年红带动年年红，这样的经营目标，更需要借助沟通去实现。

有人说：“有人的地方，就需要沟通。”沟通是心与心连接的桥梁，能够让双方达成一致。如果每个人都坚持自己的想法，不沟通、不让步，就会造成矛盾，让问题复杂化。因此，商业银行管理者、商业银行工作人员要拾起沟通这个“武器”，借助沟通解决商业银行管理、经营、发展等问题。

孙军正

2019 年 5 月

CONTENTS 目录

第一章

企业管理过去是沟通，现在是沟通，未来还是沟通

人人离不开的沟通

沟通是一个老生常谈的词语。人们讲到沟通的时候，会联想到双方产生隔阂、存在矛盾等不和谐的场景。

有一对夫妻，起初情感很好，两个人十分恩爱。后来，男人为了养家糊口换了一份需要长期出差的工作。女人认为：为了提高收入，这样的付出是值得的。在女人的支持下，男人的事业发展得非常顺利，不久男人便成了部门经理，薪水也得到了大幅度的提升。可是女人发现，男人的收入虽然得到了提高，但是给她的家用并不见涨。

闺蜜对女人说："男人有钱就变坏，赚了钱不舍得给家里，一定是外面有了'野花'。你要警惕你的男人，不要让'狐狸精'破坏掉你的家庭。"女人信以为真，便开始偷偷行动。有时候，男人睡觉后，她便翻看男人的手机通话记录、微信聊天记录、QQ（一款即时通信软件）聊天记录等。不久，她发现自己的男人与一位年轻女性往来频繁，于是开始有目的、有计划地跟踪他。后来，她实在忍受不了男人对其隐瞒，便向他摊牌："这日子没法过了，我们离婚吧。"

男人瞪大眼睛问："为什么突然间提出离婚？"

“你自己做了什么事，难道自己还不清楚吗？”女人已经失去理智了。在她看来，男人的出轨是她完全无法接受的。

男人觉得自己的妻子不可理喻，双方便签了离婚协议书。拿到离婚协议书的那一刻，双方回归了理性。女人问男人：“我们离婚后，你会不会与那个叫何芳的女人结婚？”

男人笑了：“何芳有老公有孩子，她只不过是我的大客户而已！我怎么可能与她结婚呢？”后来男人坦言，为了晋升经理，他几乎花光了除了家用之外的钱。

男人没有出轨，但是这对夫妻因彼此猜忌而走到了婚姻尽头。现实中，这样的案例太多了。由于沟通不到位，客户大发雷霆，服务人员却感到委屈；由于沟通不到位，领导批评员工，员工也会有怨言。有人说：“世界上没有解不开的疙瘩。”心里有个疙瘩，倾诉出来，把事情摆在明面上，疙瘩才会被解开。否则，疙瘩就会像恶性肿瘤一样越长越大，最后到了一发不可收拾的地步。因此，家庭、职场都离不开沟通，没有沟通就会产生各种各样的问题。

德国有一家银行以沟通闻名，在这里，无论是管理者还是员工，都能够成为客户的倾诉对象。无论客户说怎样的话，做出怎样的评价，他们都能够按照相关“沟通处理标准”去应对。这家银行的行长认为：沟通就是银行服务的全部工作，客户需要语音服务，需要银行提供相关信息，需要银行提供微笑，需要银行提供一切可以称为“体验”的项目等，这一切，都以沟通为基础。这家银行在业内有非常好的口碑，在互联网金融盛行的今天，这家银行依旧屹立不倒。

沟通不是拍马屁，而是一种交流的艺术。一方面，它需要人们把话说明白；另一方面，它需要人们把感情传递出去。如果你想赢得人心，首先要让人相信你是最真诚的朋友。那就像一滴蜂蜜吸引他的心，因此你就掌握了一条通往他内心的大道。友善对待他人，才能敲开对方的心门，让对方袒露自己的情感，彼此成为朋友。

如今，商业银行之间的竞争日趋激烈，许多银行人苦思冥想，也没有想到特别好的办法。有的银行为了提升管理效率，盲目引进新思维、新办法，但是“疗效”一般；有的银行则是加大互联网布局，希望借助技术能力升级提高效率，但依旧没能取得突破。当人们热衷于技术、关心各种布局的时候，是否忽略了宝贵的沟通呢？卡内基认为，当人们面对某一个问题时，如果仅仅从自己的角度去考虑，而不顾及他人，往往就会失之偏颇，甚至做错事情。因此，商业银行想要在服务、营销、管理上少犯错误，就需要加大沟通的宽度和深度，让沟通代替那些复杂的、难以理解的管理理论和营销办法。

人人离不开沟通，银行的一切工作也要借助沟通展开。沟通是人类交流的基础，更是人类的高级智慧。善用沟通这一“武器”，才能提高商业银行的管理质量和服务质量，为开门红、月月红、年年红夯实基础。

消除隔阂的沟通

人是一种奇怪的动物，他并不像动物有着单纯的社交的方式。或者说，人是复杂的，就像一根有思想的芦苇。人是一种社会性动物，这种社会性让人以群体的形式存在。设想一下：一个复杂的思想包裹体在一群复杂的思想包裹体中生活，必然会产生摩擦。摩擦与隔阂，似乎是永远无法剔除的，会伴随人的一生，从出生到死亡。

在这里，先补充一个概念。人与人之间的隔阂是一种看不到但存在的东西。简言之，隔阂就是人与人之间情意不通、沟通出现了障碍。如果两个人之间有一种沟通的桥梁，那么出现隔阂时桥梁大概是断了或者是被某种东西堵住了。正所谓“道不同，不相为谋”，事实上，许多人错误引用这句话，并把这句话当成自己的人生观。错误理解这句话，就会把沟通的桥梁敲断或者堵住。

某农商银行是一家专门与农村客户打交道的商业银行。众所周知，农村客户选择银行的业务时更加保守，也更加谨慎。所以商业银行客户经理对待这类客户时更要有耐心。有一位叫王汝明的银行客户经理，就是一位非常有想法的人。他跑农村业务十五年，总结出一个经验：消除隔阂与矛盾才是做业务的关键，农村客户并不是铁板一块。

有一年，该农商银行推广一款惠农储蓄卡。这款储蓄卡是针对“三农”而推出的，对农村客户有一定的针对性和福利性。在王汝明看来，农村客户开办一张惠农储蓄卡是非常有好处的。于是，他进驻农村，开展村民办卡活动。起初王汝明满怀信心，但是三天活动过后，办卡的客户实在少得可怜。他非常不解，便问该村的村支书：“为什么村民对惠农业务不感兴趣？办卡又不花钱，存钱进去还可以帮助自己理财，简直是一举两得的事。”村支书说：“之前村里来了一群骗子，说给村民办信用卡，结果村里有好几个村民的信用卡被恶意透支，所以他们不信任银行的业务了，宁可把钱攥在手里。”

村民的误解，农商银行的工作人员宣传工作不到位，两者碰撞在一起，便产生了一种隔阂。思想上没有进行交流，又如何才能产生效果呢？王汝明为了解开这个困惑，开始做村民的思想工作。首先，他给村民普及相关的金融知识和惠农业务的特点，以及如何识破金融骗局。其次，他通过“聊家常”等方式逐渐与村民建立起一种互信关系，让村民相信农商银行不是“骗子银行”，是一家实实在在、真诚服务农村客户的商业银行。通过沟通，村民才慢慢消除思想防备，能够全面、正确地认识银行的惠农服务理念。

一个月后，王汝明和他的外拓团队再次来到该村开展办卡业务。这一次效果显著，三天时间新办卡超过 200 张，超出了预期。王汝明说：“沟通的作用，就是修复或者搭建起一座信任的桥梁。

如果没有桥梁，双方只有隔阂，恐怕商业银行也就无法把惠农服务送到客户的家里。”

商业银行客户经理常常会思考这些问题：客户不配合怎么办？客户不买账怎么办？客户不主动沟通或者提意见怎么办？在营销、服务过程中，商业银行应该主动使用营销“武器”，主动与客户建立沟通桥梁。除此以外，还存在一种矛盾，即以自我意识出发的指令在遭遇他人的自主指令时产生的矛盾，那么应该如何解决这种矛盾呢？有一位商业银行的行长认为：人是一种主观化的动物，人们发出的指令也是主观的、自私的；但是服务的本质是无私的付出，是客观的思想意识，服务讲的是奉献和感恩。想要解决这个问题，工作人员就必须客观一点、无私一点、公正一点、主动一点。既然客户是上帝，难道工作人员还能要求上帝向自己屈身吗？商业银行的工作人员应该低调一点、客观一点，主动沟通，通过沟通消除商业银行与客户之间的隔阂。

沟通或许不是万能灵药，但是可以消除人与人之间的隔阂，让双方建立起一种相互信任的关系。营销的核心是什么？营销的核心不就是在“双方互信”的基础上进行价值与需求的交换吗？从某些方面来说，沟通确实是一剂良药。如果想要让沟通更加顺畅，商业银行的工作人员还要学会沟通技巧，让客户产生愉悦感，让沟通得到好的结果。

建立合作关系的沟通

有人说：“人与人之间存在着一种先天关联，这种关联是合作的基础。”人作为一种社会化的、社群性的动物，不可能脱离人群而存在。在生活中，必然就会产生一种合作。人为了生活而工作，工作过程中需要与其他人开展合作，比如同事之间的相互协调，与客户的相互交流等。

银行人是一种社会服务者。银行人要想为客户提供服务，抑或向客户推销产品，就需要与客户达成一种合作的关系。比如，一名商业银行客户经理通过语言引导和客户关系维护取得双方的合作；一名商业银行柜员通过优质的服务和沟通与客户达成某种共识。在这些过程中，沟通具备语言引导、维护关系、达成共识的功能。如果没有沟通，而是各做各的，两个独立的个体永远不会产生交集，商业银行也就不会有具体业务和其他相关的合作了。

有两个人被分配到同一个地方工作，这两个人有一个共同的任务：通过桥梁，把相关物资运送到目的地。

A 是一名老实人，完全不善于言谈。一路上，A 从未说过一句话，简直就像一个哑巴。B 也是一个非常内向的人，几乎与 A 一样。A 与 B 的关系，就像两条平行线，无限延伸且不相交。两个人没有交流，也就不存在合作的关系。当他们来到桥边时，发现桥已经坏了。这该怎么办呢？

A 开始清理桥上的碎石，大概清理了一个小时，桥面上的碎石被清理完毕了，但是他无法挪动较大的石块。B 看到 A 力量较小，无法挪动较大的石块，便自己上手，他尝试了几下，也无法挪动较大的石块。按照常理，B 可能对 A 说：“哥们儿，咱们俩一起搬吧，或许就能搬动了。”但是这两个人只是大眼瞪小眼，彼此之间并没有合作的想法。石块无法被清理，桥依旧不通，A 和 B 没有完成工作，只能无功而返。

A 和 B 没有完成工作，只能换成 C 和 D 来完成。C 和 D 都是聪明人，在来的路上便有了交流和合作的意向。C 对 D 说：“A 和 B 两个人没有完成工作，看来这项工作非常艰巨，我们需要齐心协力才行！”D 点点头表示认可，他说：“是啊，如果我们不携手，恐怕就会像 A 和 B 那样无功而返。”到了桥头，C 和 D 发现了桥上那些无法挪动的大石头。于是两个人一起发力、合作，非常简单、快速地就完成了桥面的清理工作，并将物资顺利地运到了目的地。

这是一个简单的故事，却阐述了沟通的意义。如果没有沟通，就无法形成合作，没有合作，就无法完成上级交代的任务。如果据此推论下去会得出，完不成任务，企业就会受损。如果将“沟通”这个词细致分析，就会发现它包含了信息、反馈、通道三个元素。这三个元素是一个整体，缺少其中任何一个元素，沟通都不成立。客户经理对客户说：“先生，这款理财产品非常不错，能够为您带来稳定的、持续的收益。”客户心有疑虑便问：“这款理财产品有风险吗？”客户经理说：“这款理财产品是没有风险的，只不过它有一个‘封闭期’，在‘封闭期’内您不能动这笔存款。”通过以上沟通，客户经理传达了相关信息，客户的疑虑得到了消除，合作通道也就建立起来了。

如今，人们的压力非常大。商业银行的员工也存在较大的竞争和工作压力。或许有些人会因此“患得患失”，担心一旦沟通出现错误，会引起不好的后果。这样的困惑，在一位商业银行的行长看来，完全是“杞人忧天”。这位资深行长说：“合作难多半是沟通不达造成的。‘达’是什么？‘达’就是到达、通路的意思。如果不去沟通，又如何能解决困惑呢？沟通分为有效沟通和无效沟通，只要银行人能够掌握沟通技巧和正确的沟通方式，就不需要为坏结果而担忧。”因此，商业银行的员工要看清楚沟通是合作的必然需求，担心犯错而不去沟通，其实才是一种犯错。

商业银行的员工通过沟通将商业银行的产品和服务介绍给客户，再通过沟通让客户相信商业银行提供的产品和服务的真实有效性。如果能够借助语言行为等载体将信息传达给客户，并因此消除客户的疑虑，客户就会伸出“合作之手”，与商业银行建立起营销、服务的有效关系。

改善人际关系的沟通

在人际交往中，冲突似乎是不可避免的。世界上，每个人都是一个独立的个体，思想不同、认识不同、觉悟不同，如果遇到了一件可能产生这种不同的事情，冲突就有可能爆发。人们遭遇冲突，被冲突利用。由于冲突，两个人之前建立的所有关系都会中断。有些人认为：既然发生了冲突，就说明两个人并无共同语言，终止这种关系并不会带来什么影响。实际上如果因为冲突而让客户流失，这种影响就非常大了，甚至还会给整个组织带来负面影响。

1. 造成冲突的因素

有人说："冲突本身不算问题，但如果冲突未得到妥善处理，就会演变成一个难以解决的问题。"某商业银行柜员因为服务的问题跟客户发生了冲突。客户催促柜员："你能不能快一点？我还等着上班呢！"柜员解释道："不是我不想快，是必须要把所有的手续按照顺序走完才行。"客户生气了，开口辱骂柜员；柜员也被骂急了眼，便骂了回去，最后冲突差点酿成斗殴。

通过这个例子，可以看出造成冲突有这样几个因素。①沟通技巧拙劣。如果柜员善于沟通，或许客户就不会发这么大的脾气了。比如柜员可以这样说："先生，请您再耐心等待一下，我们所做的每一项核查工作都是为了您。"事实上，很多时候，一句话可以改变沟通走向。②火气大。两个火气大的人碰到一起，必然会产生"火星撞地球"的灾难性冲突。对于商业银行的员工而言，控制自己的脾气是非常重要的。③消极处理。遇到冲突时，要直面冲突，想办法对冲突进行积极"灭火"。现实中，许多人是消极处理冲突的，总是把冲突甩给售后部门或者直接不予理会，这样是不对的。

2. 如何化解冲突

弄清了造成冲突的因素后，就需要对症下药，有针对性地进行处理。

第一步，迅速冷静下来，让自己回归理性。只有冷静下来，才能用理性的头脑去科学化地处理冲突。对于一名商业银行员工而言，平时要加强“自我脾气控制训练”。如果不能控制自己的脾气，因客户的坏脾气而爆发冲突，最后只能让冲突扩大化。

第二步，学会倾听。形成冲突的原因有很多，但是主要原因只有几个，比如产品的问题、服务的问题。对于这些问题，客户一定有自己的看法。因此，商业银行的员工要竖起耳朵去听，而不是张开嘴巴“据理力争”。通过听，才能了解客户的真实想法和诉求，才能进一步为客户“把脉”。

第三步，尝试引导。有人说：“冲突就像一条‘堰塞湖’，想办法进行‘引流’，就能够缓解冲突。”因此，在处理冲突的过程中，商业银行的员工要做好引导工作，通过语言将这种冲突逐渐化解，并将客户引回原始的正常谈判中。引导原本是一种沟通方式，它带有一定的智慧，但前提是商业银行的员工要予以客户尊重。

第四步，适当妥协。强势处理冲突，只能让冲突变得更大。眼看着冲突即将爆发，沟通一方就要选择适当妥协，抑或寻找一个折中的方案。俗话说：“忍一时风平浪静，退一步海阔天空。”这句话听上去很普通，但是非常有用。另外，妥协也是一种“以退为进”的战术，常常能够将客户的“熊熊怒火”浇熄。

第五步，给出最合理的建议。冲突的本质，就是意见不一致。想要彻底化解冲突，就需要商业银行的员工给客户一个最合理的建议。“最合理”三个字，既体现出一种妥协，又体现出一种智慧。如果客户能够接受这个建议，冲突也就彻底结束了。随之而来的就是沟通恢复正常，合作关系再一次被激活。

冲突是靠沟通来化解的，而不是靠盲目的道歉和无意义的赔偿。沟通，不仅能够化解冲突、缓解尴尬，而且能够进一步巩固双方的人际关系。商业银行是靠沟通吃饭的企业，如果没有良好的沟通，客户流失了，又如何才能实现银行开门红呢?

解决复杂问题的沟通

沟通是一种有目的性的行为，它旨在解决一些事情。比如，某商业银行部署了任务，上级必须通过命令或者沟通的方式将该任务进行分配，并落实到每一名员工，员工再通过沟通与上级保持高度一致，定期汇报工作，接受上级的指示。俗话说："工作无小事。"工作中遇到了问题，就需要通过沟通协调去解决。某客户去商业银行办理业务，但是客户经理因为权限问题而无法处理客户所要求的业务。在此情况下，客户经理需要做好两项工作。第一，通过沟通让客户了解到他的权限，只有通过授权才能进行下一步工作，商业银行可以把这个阶段的沟通工作看成安抚工作；第二，通过与上级沟通得到上级的授权，抑或将客户的业务交给上级进行处理，商业银行可以把这个阶段的沟通工作看成处理工作。当两项工作都落实到位，也就能够满足客户的需求了，遇到的问题也就迎刃而解了。

有人问："难道人的一生每天都要面临各种问题吗?"答案并不绝对，但是人的一生总会遇到不同的甚至是一个人无法解决的问题。解决问题的方法有两种：自己解决与借助外力解决。需要自己解决的问题，通常是一些个人"选择性"的问题，比如理想、专业、职业、婚姻等，这些问题只能通过自己的思考与行动去解决。需要借助外力解决的问题，通常是一些两个人或者多个人共同合作而产生的问题，比如营销问题、服务问题、配合问题、管理问题、上传下达问题等。也就是说，这类问题无法通过一个人的努力去解决，而需要两个人或者多个人共同承担，这就需要共同磋商进行解决。

某商业银行开展外拓营销活动，刚开始活动非常顺利。但是活动进行到一半时，外拓活动所在地的街道办事处要求该商业银行“收摊”，态度十分强硬。事实上，这个问题是一个非常棘手的问题，只靠一个人的力量是无法解决的。为了解决这个问题，该商业银行副行长来到街道办事处了解情况。

商业银行副行长态度十分温和，他用一种试探性的口气询问街道办事处的工作人员：“您好，我是某某银行的，在某某街道举办活动。由于活动举办的前期准备工作非常繁杂，举办这么一场活动非常不易，我想问一下街道办事处能否让我们继续把活动办完？抑或寻找一个折中方法？”

商业银行副行长的低调与客气换来的是街道办事处的反馈：“不是街道办事处为难你们，是上级下来检查，都会进行这样的工作。所以还请你们银行理解，并不是街道办事处有意为难你们。”

经过一番交流磋商，街道办事处给出了解决问题的方案，一是向上级打报告申请，听一听上级的意见；二是协调一个新活动场所，将活动搬迁到新活动场所进行。商业银行副行长选择了第一个方案，通过进一步沟通督促街道办事处向上级请示。街道办事处上级给出意见，允许商业银行继续举行外拓营销活动。由此问题被顺利解决，商业银行继续举办自己的活动。

上述故事表明，沟通的目的在于将复杂问题简单化，直到最后彻底解决问题。在沟通并解决问题的过程中，同样也需要沟通双方做好三件事。第一件事是，沟通态度要端正。寻求解决问题的办法时，一定要明确自己的“任务”，这个“任务”就是解决问题。向对方摆明问题，一切沟通活动都要围绕着这个问题。第二件事是，沟通的人要始终保持低调。越是低调、谦虚的人，越容易得到对方的理解。现实中，有一些“高调”的沟通者，给人留下非常不好的印象，坏印象只会给沟通添堵。第三件事是，沟通需要把有利于自己的事实摆出来并讲清楚。讲清事实的目的在于还原事情真相，也就是让对方彻底了解问题所在，或者问题得不到解决而造成的相应后果。众所周知，沟通的双方存在合作关系，有着共同的利益。解决问题，并不仅是为了缓和矛盾，而是为了让双方的利益不受损害。如果能够从大局出发，摆正沟通的态度，低调示人，就能够把复杂的问题简单化。

沟通的方式方法非常多样，可以套用或者选择与之相关的方法，抑或根据问题而单独设计沟通的策略。沟通是一门学问，善用沟通就能让工作更加顺利。

第二章

沟通的陷阱与困境

工作中存在的十大沟通难题

沟通是一种工具，是消除人与人之间隔阂的桥梁，是解决问题的通道，是建立人际关系网络的主要方式。沟通，是人必须要具备的一项能力，失去了沟通能力，人会不可避免地成为“孤家寡人”。学习需要沟通，工作需要沟通，日常生活需要沟通。人处处离不开沟通，这也就体现了沟通的重要性。

现实中，不是所有的沟通都是有效果的。没有效果的沟通，笔者称其为无效沟通。有一位客户经理正在向一名客户推销产品，但是这位客户经理的语言表达出现了逻辑问题，把客户说得云里雾里。最后，客户摊开双手无奈地说：“我完全听不懂你表达的意思，而且我对你的产品并不感兴趣。”这个例子中有一个前因后果：听不懂导致不感兴趣。客户经理的表达描述存在问题而无法让客户在脑子里形成一个完整的概念，因此客户产生了一种厌恶情绪，并拒绝了客户经理的产品推销请求。这就是一种无效沟通，这种沟通不会对结果产生任何影响。

无效沟通等同于“说废话”，而“说废话”的现象又似乎非常常见。逻辑问题只是造成无效沟通的其中一个原因，事实上还有许多因素可以“瓦解”沟通，让沟通失去效果。

1. 认识不足

如果一个人对某个事物存在认识上的不足，抑或对某个事物存在偏见，那么在介绍或者推销该事物的时候，就无法保证客观、公正、清晰。比如，一名销售员对产品本身并不了解，又如何能把产品推销给客户呢？或者一名销售员对该产品有偏见，也就不会认认真真向客户推销该产品。

2. 旗帜不鲜明

还有一些人虽然非常爱说话，似乎也非常热情、有礼貌，但是他们讲话时存在一个致命的缺陷：旗帜不鲜明。所谓旗帜不鲜明，就是沟通时毫无重点，总给人一种含混不清的感觉。这种旗帜不鲜明的讲话，让听者非常累。听者总是抓不住对方想要表达的重点，也就无法做出有效反馈。

3. 没有倾听

现实中，还有一些人只说不听。沟通是什么？沟通是听与说的集合。只听不说与只说不听都起不到沟通的作用。如今，一些营销员在推销产品的时候采取一种“单口相声”式的推销方式，完全忽略客户的意见和反馈。如果沟通无法引起共鸣，何来营销一说？

4. 提问不当

大家都知道，在营销过程中，常常需要借助一些合理的、引导性提问引出营销的话题，并借助提问了解客户的实际需求，这种方法也叫“提问引导法”。提问的目的是引导，有效提问才能有效引导。倘若销售员的提问是错误的，或者令客户反感，也就无法起到引导的作用。

5. 不理解对方的需求

什么是有效营销？有效营销就是根据客户的需求而设计的营销，它符合对症下药的特点。如果一名销售员根本不了解客户的需求，也没有下功夫挖掘客户的需求，他的推销言辞就会变成一堆“废话”。客户不喜欢，自然也就不会花钱购买他的产品。

6. 没有思考

古人云：“三思而后行。”没有思考的沟通，很有可能沦为一场“自我演说”。思考是为了更好地说，有目的地说，让说有意义和价值。客户来到银行，并不是想听你夸夸其谈，而是想听取你的合理化建议及对相关产品和服务的介绍。

7. 只在乎个人的感受

人们把一些只在乎个人感受的说辞，看成一种“主观意识”的说辞，这种说辞的核心是服务自我，而不是服务他人。营销是什么？营销是服务他人。沟通又是什么？沟通就是体现一种服务。如果一个人只在乎自己的想法和感受，沟通也会因此失效。

8. 没有耐心

有些人在沟通过程中，只有“三分钟”热度。只要“三分钟”一过，且沟通的目的没有达到，这些人就会失去耐心，并且变得烦躁不安。如果把营销看成一场持久的“拉锯战”，没有耐心的人也就无法坚持到最后。没有耐心的沟通，通常会变成一种无效沟通。

9. 情绪失控

有些人在沟通过程中，总是无法控制好自己的情绪，或者自己的情绪完全跟着客户的情绪走。客户情绪好，这些人的情绪就好；客户情绪坏，这些人的情绪也会跟着变坏。稳定的情绪对沟通有着重要的意义，不稳定的个人情绪只能给客户添堵。

10. 时机不好

有效沟通需要良好的时机，如果错过了好时机，沟通效果也会大打折扣。因此，选对沟通时机也是非常重要的。

影响沟通的因素绝不止以上十种，说话的语速、个人的形象等也会影响沟通的效果。

无效沟通的几点成因

有一个词，叫鸡同鸭讲。鸡同鸭讲的话，鸭子必然是听不懂的。还可以将其理解为，两个不同“维度”的交谈会造成这种滑稽现象。最后，鸡只能说鸡话，鸭只能讲鸭语，各自保留各自的观点且不再发生任何交集。鸡同鸭讲也是典型的无效沟通，无效沟通的结果就是不发生交集。

无法产生交集的原因有很多，本书着重介绍以下几种。

第一种，一心多用。一心二用、一心多用是常见现象，这种现象是一个人注意力不集中的表现。比如，一个人一边看书，一边听音乐。单一个体，很难集中注意力同时做好两件事，如果一个人一只手画方，另一只手同时画圆，很难都画得好。沟通需要一个人集中注意力，而不是一边沟通，一边做另一件与沟通毫不相干的事情。对方发现你在沟通的时候看微信或者做别的事，就会认为你的沟通态度有问题。一个沟通态度不端正的人，可能得到对方的信任吗？答案是显而易见的。

第二种，提前下结论。古人也有“盖棺定论”的说法。万事不要轻易下结论或者过早下结论，匆忙之中下的结论十有八九是错误的。现实中，许多人都是“急性子”，唯恐结论下晚了，客户就跑了。但是要坚持古人的做法，要“三思而后行”。经过“三思”再去下结论，才是对对方负责任的做法。

第三种，带有偏见。怀有偏见，就会将这种偏见带到沟通环节中。处处戴着有色眼镜，表达亦非常主观。这种偏见还会引发矛盾和争执，让客户感到极度厌恶。不管是对客户存在偏见，还是对产品、工作存在偏见，都不利于沟通。带有偏见的沟通不仅是一种无效沟通，甚至是一种负面沟通。因此，商业银行的员工要远离偏见这个“魔鬼”，摘掉有色眼镜。

第四种，先入为主。许多人都会犯先入为主的错误。什么是先入为主呢？就是率先强加给自己一个观念，这个观念是一个“死硬派”，难以改变。客户在与某业务经理谈判的过程中，提出了几点看法，都被业务经理驳斥或者否决掉了。是不是客户提出的看法完全是错误的呢？并不是。先入为主的观念在业务经理的意识里形成了一个盾牌，即使客户的观点和请求是对的，也无法改变业务经理的想法。因此，这样的沟通也会无果而终。

第五种，注意力分散。许多人在沟通陷入僵局的时候，会注意力分散。如果出现了这种状况，一个人也就无法将其注意力集中到谈判里，谈判也就会陷入停滞状态。如今，社会上有“自我集中注意力”的课程，人们可以通过学习掌握一种控制方法，或者通过培养自我的职业意识来确保注意力得到集中。

第六种，偏信。古人云：“兼听则明，偏信则暗。”但是偏偏有人喜欢偏信，并认为偏信是在掌握对自己有利的证据。事实上，沟通过程中需要兼听而不是偏信。要通过兼听寻找双方的利益相关项，只有同时确保双方共同的利益，才能确保沟通的有效性。如果只是偏袒自己，只强调对自己有利的条款，势必造成沟通的阻塞。

造成沟通障碍的原因还有很多，比如僵化的思想会阻碍沟通的进行。总之，要定期总结，找到一些破解沟通阻碍的方法，才能从根本上为双方沟通扫清障碍。

无效沟通的三大关键症结

一位管理大师说："管理就是沟通、沟通、再沟通。"沟通就像一把万能钥匙，借助这把钥匙就能打开几乎所有的管理之门。因此，会沟通的人才是会办事的人。从某个角度来讲，沟通不仅是一种有智慧的表现，还是一种高情商的表现。

会沟通的人，不仅能够解决问题，而且能给对方留下深刻的印象。沟通可能会改变事情的结果，改变人生的走向。而现实中，存在着无效沟通的三大关键症结，即上行沟通没有胆，下行沟通没有心，平行沟通没有肺。

1. 上行沟通没有胆

有一位银行新人，刚刚来到自己的岗位上，对岗位工作存在着许多疑问。后来，他拿到上级下发的任务后陷入了巨大的迷茫和困惑中，这让他不知所措。如果他有胆量，就应该与自己的上司沟通，向上司请教。但是这位新人没有胆，只能通过所谓的实践进行摸索。换句话说，这种摸索可能是错误的，也可能会绕一个大圈子。

没有胆量的原因有很多，主要因素不外乎这么几个。第一种，上司的批评。许多人害怕上司批评而不敢去沟通，尤其当他们面对一位威严的、脾气火暴的老板时，甚至连说话都不敢太大声。第二种，担心给上司留下不好的印象。有一些人非常爱面子。他们认为：说错了话，面子就丢尽了。因此，宁可做错事，也不愿意当着领导的面丢脸。第三种，完全没有胆量。一个胆小、性格内向的人，单纯地害怕自己的上司或者老板也是常有的。对待这个群体，培养勇气是最为重要的。

不管怎样，如果一个人上行沟通没有胆，就会造成“命令—执行”脱节的问题。

2. 下行沟通没有心

沟通，是一个心与心的交流过程。如果没有心，沟通就会遇到障碍。这里说的心，特指一种平常心。

现实中，有一些领导干部总是盛气凌人、居高临下，似乎有些目中无人。比如，某企业董事长就是这样的人，因此下面的人害怕他，从来不敢对他说实话。还有一种领导，特别爱面子。对于自己不知道的事情，他也会佯装知道。以上两种领导，都无法将沟通工作做到位。而真正的有心沟通，可以通过美国通用电气的一名员工对杰克·韦尔奇的评价进行描述：“他会追着你满屋子团团转，不断和你争论，反对你的想法。而你也不惜不断反击，直到说服他同意你的思路为止——这时，他可以确信这件事情一定能成功。”

3. 平行沟通没有肺

这里讲的肺，并不是生理上的那个肺，而是指肺腑。如果一个人与人交流，不肯敞开心扉，或者没有包容心，总是斤斤计较，恐怕就很难在自己的同事圈里“吃得开”。例如，有一位员工，性格有些内向，而且不善于交流。他常常想：职场里的各色人，一定是有好有坏的，如果认不清他们的真面目，就有可能被算计。于是，这个人采取了一种非常保守的沟通方式，别人不主动找他沟通，他也绝不会主动沟通。古人言：“来而不往非礼也。”被动的平行沟通只能换来无效沟通，也就失去了沟通的意义。还有一些人，把这种没有肺变为虚假交往，在沟通过程中“保护”自己，甚至把自己的真面目完全包裹起来，表情是假的，动作是假的，语言是假的，行为也是假的……总之，对方永远猜不透他的心，看不透他的真实面目。时间久了，他就会给人一种“虚头巴脑”的印象。这样虚伪的人无法在职场中获得真正意义上的帮助。

想要破解这个难题，就需要的银行人拿出真心、包容心去沟通，而且要大方一点、认真一点、客气一点、低调一点。

无效沟通的三大关键症结是现实存在的，而且是现实中十分常见的。如果无法找准症结，对症下药，就会导致沟通上的无效。试想一下，倘若一家商业银行没有沟通，将会是怎样的景象？

十种致命过失导致无效沟通

有人说：“沟通是一个危险的游戏，如果你不小心犯了错误，沟通也就随之结束了。”沟通是“心”的交流，而“心”常常是脆弱的、易碎的。没有“心”的交流完全是敷衍的对话，根本起不到沟通的作用；有“心”的交流才能撞击出心灵的火花，随之产生意义。这里的“心”，一是指平常心，二是指感恩之心。平常心能够让人看淡结果，而更加重视过程；感恩之心则是指珍惜每一次来之不易的沟通机会，把沟通当成一种合作契机。重视用“心”沟通的人，才能化解沟通的危险，让沟通工作顺利进行下去。

现实中，做到有“心”、用“心”沟通却是一件非常不容易的事情。人的骄傲、懒惰、狂妄、自我标榜等，都会对沟通造成伤害。如果不用“心”，而是让这种“自以为是”在沟通过程中发挥威力，就会终结对话，从而让沟通彻底失效。现实中，存有十种致命过失，每一种过失都会给沟通带来伤害。

1. 自我标榜

有些人喜欢自我标榜，在开启沟通前会冠冕堂皇地告诉对方：“我是某某，曾经做过什么样的事情，在业界非常有口碑。”或许他的头衔很多，但是这样的头衔又有什么用呢？在笔者看来，这样的自我标榜并不能促进沟通，反而会使对方反感。自我标榜是一种傲慢行为，这种行为会令沟通无效。

2. 挖苦他人

挖苦通常出现在上级对下级或者平级之间。上级挖苦下级本领不高，做事没有连续性；平级之间的相互挖苦，更多是一种心胸狭窄的表现。事实上，挖苦别人并不能使自己得到什么，也无法让自己的品行高尚。挖苦他人的人只能让别人看笑话而已。

3. 扮演角色

人们常说：“人生如戏，全靠演技。”在沟通过程中，人们就会饰演沟通者的角色。或许有些人演技高超，不会露出破绽；但是有些人演技拙劣，总会被对方看穿。沟通的两端，应该是真实的你我，而不是戏中的你我，演戏只能让沟通变得尴尬。

4. 语气过分

有一些人是性格使然，说话的语气是比较“冲”的，带着火气。事实上，绝大多数的人不喜欢与说话比较“冲”的人进行交流，生怕哪一句话会得罪他们。如果你是一个脾气火暴、心直口快的人，就需要在沟通过程中控制一下，不要因自己的火气而破坏沟通的氛围。

5. 不当评价

赞美他人，用优美的语言评价他人，对沟通是有好处的。可现实中，人们总能够听到对他人不妥当的、消极的、负面的评价。这种不恰当的评价是一种挖苦，比如，某人在沟通过程中评价对方思想幼稚，思想幼稚就是一种负面评价，这会引发双方的争执。

6. 命令对方

命令常常出现在上级对下级、平级对平级的对话中。如果上级用一种命令语气与下级进行交流沟通还算合理的话，那么平级之间的命令就多少给人一种“逼人太甚”的感觉。比如，有些人倚老卖老，仗着自己的资历深欺负自己的同事。

7. 威胁对方

威胁比命令更加恐怖，比如，某人威胁对方：“如果你没有完成任务，我将扣罚你全月的工资和奖金，而且你的职位也有可能不保。”这种威胁具有极大的杀伤力，绝大多数的沟通“死”于威胁。

8. 模棱两可

还有一些人，在沟通过程中处于模棱两可的状态。例如，某公司业务员与另一家企业代表进行谈判，在谈判过程中，这位业务员却始终模棱两可，或许行，或许不行，不能给对方一个肯定的回复。众所周知，沟通有明确的指向性，如果沟通无法指向结果，恐怕沟通的意义也就不存在了。

9. 不断猜疑

沟通是一种“心”的交互，因此沟通两端的人都必须真诚，沟通才能进行下去。如果其中一个人不断猜疑，恐怕沟通也就失去了意义和价值。

10. 有所保留

如果沟通是为了达成某件事情，那么在这件事情的谈判上，沟通双方就需要坦诚相见，不能有所保留。有些人认为：保留是为了关键时刻有底牌。但如果一直有所保留，通常情况下，关键时刻还未来临，沟通就已经结束了。

沟通中的致命过失可能还有很多，一个人的诚实度、热情与否、说话的风格都有可能影响沟通。对于商业银行的员工而言，明确如何在沟通中避免这些致命过失是非常重要的。

无效沟通导致的十大问题

沟通是为了解决问题，如果沟通是无效的，那么要解决的问题依旧得不到解决，甚至还会引起其他的连锁效应。

某商业银行柜员，因为服务态度的问题被一名客户投诉。为了抚慰客户，留住这名客户，这家商业银行启动了“公关沟通”模式。负责沟通的是该商业银行的副行长。客户火气比较大，沟通过程中三番五次地批评商业银行的管理水平：“你们银行的管理真差劲，有什么样的管理就有什么样的员工！”副行长的态度非常客气，他点头接受客户的批评：“您所说的这些问题，以后我们银行一定会认真对待，还您一个良好的服务。”

如果这名商业银行的副行长能够一直这样诚恳、客气，恐怕这名客户的气很快就能消掉了。随后，“转折点”出现了。当客户评价商业银行完全是戴着有色眼镜服务客户的时候，该商业银行的副行长终于忍不住发火了。他对客户说：“您这么说就不对了！从开业至今，我们银行非常重视自己的形象，怎么可能戴着有色眼镜进行服务呢？”

因为这句话，客户与副行长陷入了激烈的争执中。很显然，争执是没有好结果的。这次沟通造成的后果有两个。第一，商业银行丢失了一名客户；第二，商业银行丢失了良好的形象。有人问：“有些客户无理取闹怎么办？”在笔者看来，即使谈判无果，也不能导致恶果。

无效沟通的最大特点是无效，即原本发生的事情会按照“因果逻辑”继续发生下去。但是无效沟通还能使原本的问题扩大化，甚至发展到一发不可收拾的地步。通常来讲，无效沟通可能导致十大问题。

1. 团队不协调

如果一个团队内部沟通不畅，就会引起团队配合不畅或者团队矛盾。团队中的成员需要沟通、协调、配合才能完成相关的工作。如果沟通不畅，团队成员的配合默契度就会受到影响。一个团队如果战斗力不强或者如同一盘散沙，那就无法继续完成使命。

2. 失去积极性

沟通就是为了更好地配合和工作。如果沟通的目的没有达到，就会产生一种挫败感，这种挫败感会影响一个人或者一个团体的工作积极性。例如，某银行外拓营销团队由于分工不明确，陷入了混乱，在缺乏有效沟通的情况下，团队成员完全失去了参与活动的积极性。

3. 自尊心受损

现实中，有一些领导喜欢用一种敲打或者批评的口吻“教育”自己的员工，但是这种沟通并不会产生积极的影响，反而会让一些自尊心强或者性格内向自卑的员工受到精神上的打击。倘若一个人的自尊心受损，这个人就会产生消极情绪来反抗自己的上司。

4. 事业受损

对于一位商业银行客户经理而言，无效沟通带来的直接损失是丢单。从经济角度来讲，丢单会影响到银行客户经理的考核成绩，并因此影响到他的收入。从工作本身角度来讲，丢单会让人产生一种挫败感。综合这两个因素，无效沟通直接造成一个人事业受损。

5. 形象受损

沟通不畅或者无效沟通，会阻碍成果的形成，甚至造成一种恶果，比如工作积极性减损，团队不和谐，团队成员的自尊心受挫等。一系列的问题会产生负面效应，不利于一个团队或一个组织的形象建设。

6. 信誉受损

对于那些做生意的人而言，因个人问题而造成谈判的无果而终，不仅仅是丢单的问题，有可能还会蒙受信誉上的损失。这种沟通不畅会引起人们对这个人或企业的诚信的怀疑。比如，是不是这个人不讲诚信？是不是这个人坐地起价？

7. 引发旷工

许多员工并没有非常强大的内心，抑或并不具备强大的抗压能力。如果因为一点错误而遭到不公平的对待，就会导致严重的后果。许多员工因为管理者不客观的评价和非理性的对待而选择旷工、辞职。

8. 失去创新能力

有一些企业创新力不足，甚至失去了创新力，原因在哪儿？事实上，这些企业并不缺少人才，而是缺少支持与鼓励。有人说："借助沟通，一位管理者可以把自己支持的态度和鼓励的态度传递给自己的员工，让员工保持工作的积极性和创造性。"

9. 执行力减弱

决定执行力强弱的因素有很多，比如执行人的精神状态、意志力、执行条件、是否得到了授权等。精神状态、意志力、执行条件和授权问题都可以通过有效沟通来解决。如果沟通无效，可能会引发连锁效应，继而影响执行力。

10. 身心受损

如果一个人因为不畅的沟通而引起情绪上的失落，这种失落感也会导致焦虑和痛苦，从而令一个人的身心受损。

无效沟通带来的是负能量，这种负能量极具破坏性。因此，要尽可能尝试做有效沟通。只有沟通有效，才能避免上述十大问题的发生。

第三章

管理者的基本能力——有效沟通

有效沟通的白金法则

在现代管理中，人们常常会把沟通当成一种管理武器。管理者分配任务，需要沟通；管理者传达命令，需要沟通；员工接受指令，需要沟通；员工执行任务，需要沟通……沟通无处不在，沟通将管理中的“点”有机地串联起来。另外，沟通是一种获得他人好感、赢得他人支持的方法。

北方有一家商业银行，该银行的业务员老吴负责清收工作。众所周知，清收工作的开展难度非常高。只要对方表示没钱，银行几乎就没有什么好办法。因此在银行业内有这么一个说法：“清收工作比上刀山还难。”但是这个老吴并不气馁，他坚信自己有办法把清收工作落实到位。

老吴说：“法治社会，清收工作首先要符合相关法律法规，威胁、恐吓等方法不能使用。因此，要解决这个问题只有两条途径：其一，走法律途径，将欠款公司交给相关司法机关处理；其二，进一步谈判磋商，找到一个更好的办法。”为了彻底解决清收问题，老吴选择了谈判磋商这条路。

有一家公司欠款不少，老吴几乎每周都去该公司了解情况。这家公司是一家化工公司，因为转型失败，效益不好，甚至一度濒临破产。在这种情况下，强行清收似乎非常不人道。为了解决清收问题，老吴与该公司高层领导沟通协商出一个办法：银行帮助公司卖货，所得的货款用来支付银行的贷款。于是，老吴摇身一变成了该公司的销售代表。老吴为了完成清收任务，努力联系下游企业，帮助该公司营销。几个月后，老吴的努力换来了成果。他不仅帮助该公司卖掉了产品，而且收回了巨额欠款。

老吴说："我并不是能力特别强，而是把相关的串联工作做到位了。"

有人会问："如何才能做好串联工作？"能够起到串联作用的方法，唯有有效沟通。换句话说，有效沟通是解决问题的关键所在。

管理大师彼得·德鲁克表示，一个人必须知道该说什么，一个人必须知道什么时候说，一个人必须知道对谁说，一个人必须知道怎么说。这就引出了有效沟通的白金法则。

一个人必须知道该说什么。这也是沟通过程中的第一要素。如果一个人不知道说什么，也就无法进行沟通。例如，一名销售员去拜访客户，见了面竟然哑口无言，不知所措。在此情况下，客户也十分尴尬。客户心想：这个人来看我的目的是什么呢？难道就这样僵持下去吗？因此，会客任务没有完成，营销工作戛然而止。如果一个人知道自己该说什么，就会迅速破冰，并让双方迅速进入沟通环节。

一个人必须知道什么时候说。到底什么时候说最合适呢？两个人在沟通过程中，一个人在讲，另一个人在倾听。倾听的一方需要找准时机，再通过语言等形式向对方反馈自己的意见。如果这个人突然打断别人说话，就会显得非常不礼貌，这样的时机就不是一个好的时机。在别人全部表达完的那一刻，再进行你的陈述，才能起到立竿见影的效果。

一个人必须知道对谁说。商业银行的员工每天都会接触大量不同的人，有男人和女人，有年轻人和老人，有企业员工和企业老板……面对不同的人，需要采取不同的沟通策略。对老人说，就要说老人喜欢听的话；对年轻人说，就要说年轻人关心的问题。如果一个人搞不清沟通的对象，或者不知道对谁说，就尴尬了。只有明确了沟通对象，才能开启沟通工作。

一个人必须知道怎么说。这里就牵扯沟通的技巧问题了。沟通是有技巧的，掌握了这些技巧，才能知道怎么说有效果，怎么说没有效果。沟通的技巧，笔者放在后面的章节详细讲述。

沟通是一个情感、思想、信息的交换过程，通过沟通才能达成目标协议。想要让沟通变得更加有效，就要明白：一个人必须知道该说什么，一个人必须知道什么时候说，一个人必须知道对谁说，一个人必须知道怎么说。

有效沟通的三多三少原则

有人说："沟通是一门语言艺术。"从某个角度来看，沟通确实是一门语言艺术，它主要借助语言载体向对方传达某个思想，并达成某项共识。但是，沟通并不仅仅需要口头语言，它需要包括表情语言、肢体语言在内的广义上的语言。据统计，7% 的人在意你说什么，38% 的人在意你是怎么说的，55% 的人则关注你的身体语言。

不管怎样，有效的沟通需要调动人的语言、思维、肢体、表情等，并令其达到一致协调。许多人发现沟通是一项艰难的工作，有时候或许会强迫自己做出一些不想做的行为，比如赞美并夸奖某个人。有人说："我可不是一个喜欢夸奖别人的人，除非他确实有值得我夸奖的闪光点。"现实中，许多沟通都是为了达成某个利益而进行的。这种带有功利性的沟通，需要沟通者做出"牺牲"。因此，人们要调动属于"牺牲"的意志来克服自己的某些软弱的性格，从而确保沟通的效力。有人说："沟通是一种积极的尝试，这种尝试同样可以培养并塑造人的第二性格。"

前文笔者着重介绍了沟通的白金法则，白金法则告诉人们：一个人必须知道该说什么，一个人必须知道什么时候说，一个人必须知道对谁说，一个人必须知道怎么说。如果解决了这四个问题，也就能够确保沟通的顺利开展。但是仅仅掌握白金法则是不够的，倘若一个法则就能够解决所有的问题，这个法则就变成了某种"万能定律"，这肯定是不现实的。在这里，笔者需要补充一个沟通原则，即三多三少原则。

三多三少原则之"多宽容、少抱怨"原则。人之一生都离不开抱怨，遇到不公平的事情会抱怨，受到挑战会抱怨。抱怨，是人的一种负能量，但是这种负能量具有普遍性。如果向自己的老板、客户抱怨，恐怕不会讨到好果子吃。向老板抱怨，老板会用别的方式"惩罚"你；向客户抱怨，客户可不会对你产生同情心。因此，唯有宽容才是沟通之根本。古人云："泰山不让土壤，故能成其大；河海不择细流，故能就其深；王者不却众庶，故能明其德。"如果你有足够宽广的胸怀，就能显示其德行，并改变他人对你的印象。

三多三少原则之"多商量、少命令"原则。这非常适用于上下级之间的沟通。上级与下级，只是所处的岗位不同，并没有身份上的尊卑之分。因此，上级不要把自己当成皇帝，任意命令他人。在现代管理中，人们几乎不再强调命令了，命令带有一种强迫的、令人不愉快的东西，这种东西作用在他人身上，就会引发产生消极抵抗的能量。许多的企业家、管理者开始思考这个问题：什么样的方式可以取代命令，但是又能达到命令的效果呢？于是，商量出现了。万事皆可商量，商量是一种民主，是一种邀请和分享。从某个角度来讲，商量也会带有一种命令的属性。就像某企业家所言：邀请你来商量，并不是让你拒绝命令，而是让你参与命令的布置，并以积极的态度去接纳这个命令。这样一来，就清楚明了了。商量是一种命令的载体，其本质还是命令。

三多三少原则之“多鼓励、少批评”原则。许多管理者都有一个特点，喜欢用批评代替鼓励。有人认为：批评是严肃的，只有严肃对待，才能起到作用。很显然，鼓励达不到这样的要求，鼓励只会让一个人扬扬得意。如果一名员工做了正确的事，或者所做的贡献已经超出了规定的标准，为何不报以掌声、给予鼓励呢？如今，许多人厌倦了批评，而且盲目的批评往往带着太多浓厚的主观色彩。许多聪明的管理者开始采取另一种对策，用鼓励代替批评。批评他人，往往会打击他人的自信心；鼓励他人，却可以帮助他人建立或恢复自信。对于一名管理者而言，多一点鼓励、少一点批评才能确保沟通工作的有效性。

三多三少原则不是唯一的有效沟通原则，而是一种较为简单易学的有效沟通原则。

有效沟通的儒家原则

有效沟通带着儒家的思想印记。比如，儒家所追求的“中庸之道”。“中庸之道”能够教育人们自我监督、自我完善，从而成功。那么，如何才能将“中庸之道”之核心智慧贯彻到沟通中呢？要坚持做好以下六项工作。

1. 少说废话

有些人喜欢夸夸其谈，而且一旦开口便如同黄河水一般谁也拦不住。这样真的好吗？事实上，沟通需要旗帜鲜明、言简意赅。长篇大论一番，不仅令他人反感，而且让人抓不住沟通的重点。要少说废话，废话并不能给沟通带来任何帮助。需要提醒的一点是，沟通不是“侃大山”，而是要解决某个问题。因此，要尽量少说废话，甚至不说废话，始终围绕着沟通主题展开对话，语言表达简练一些。

2. 少说笑话

有些人认为，幽默一点能够为沟通增添色彩。当然，幽默的沟通能够使对方愉悦，让沟通氛围变得轻松惬意，但是也要有个度。某银行客户经理与一位大客户进行沟通。沟通期间，该银行客户经理穿插了许多故事、段子，但是这些故事、段子与沟通主题无关，给对方一种不严肃的不良印象。后来这位客户起身，对银行客户经理说："如果我来这里只是为了听你讲笑话，我还不如直接打开收音机听相声呢！"沟通需要幽默，但是不需要与主题无关的笑话。

3. 不说狠话

现实中，有些人喜欢对天发誓，比如表示如果自己说话不算数，将遭天打五雷轰。如果在谈判席中出现这样一幅画面，大概许多人都能笑出声来。那些动不动就起誓的人，只能成为笑料。除了这种发毒誓的，还有一些人总是威胁他人。比如，某领导对自己的属下说："如果这件事你做不好，我就找另一个人取代你！"许多人讨厌被威胁，威胁的狠话并不能解决问题，反而还给人留下坏印象。

4. 不说急话

"中庸之道"还有一个智慧，就是让人明白轻重缓急，遇到着急的事情也能够冷静用客观的语言娓娓道来，把急话转化成慢话。例如，某公司发生了一件大事，业务员非常着急，他火急火燎地跑到老总办公室，像丢了魂一样急匆匆地进行了一番汇报，老总也被他的这种急话搞蒙了，竟然一时间拿不出主意。后来，老总与另一个部门负责人进行紧急沟通后，才了解了事实真相。通常来讲，着急时说出来的话并不一定客观，只有冷静下来说出来的慢话才值得参考。

5. 不说长话

按照人的思维特点，一句非常长的话并不利于转换，而断开的短句更能被人接受，这是其一。其二，沟通是有时效性的，所有的话都需要进行总结、提炼，再把最关键的信息传达给对方，让对方更快速地去认识和判断。有些人喜欢长篇大论，然而长篇大论难以让对方抓住重点。因此，要学会长话短说、避虚就实。

6. 不说坏话

有些坏话，可能是自己的说话习惯，冷不丁地就从牙缝里“跑”出去了。有些不文雅的网络用语总会被当成口头语使用，这些口头语非常低俗，等同于坏话，必须禁止在沟通环节中使用这些口头语。另外，还有一些坏话是攻击他人的话语，这是一种彻彻底底的坏话。因为说对方的坏话而引起的争端，恐怕早已举不胜举了。“中庸之道”的中正仁和，就是教育人们讲话要客观公正、讲究仁义。不管是沟通，还是日常讲话，都要坚持说实话、说好话。

“中庸之道”是一种做人行事的智慧，甚至是治国安邦的方法。《中庸》所言：“喜怒哀乐之未发，谓之中，发而皆中节，谓之和。中也者，天下之大本也；和也者，天下之达道也。”要保持内心的安静，不为情绪所控制，这样才能解决相关的问题。

有效沟通的前提：自我反省

沟通的起点是一个人，一个人的喜好、习惯、脾气、性格、道德素养等决定了沟通的质量。也可以把这个起点看成有效沟通的先决条件：当一个人的条件符合有效沟通的前提时，有效沟通就会水到渠成；如果一个人的条件没有达到有效沟通的标准，也就无法令沟通产生效果。

为什么沟通还需要反省呢？反省的目的又是什么呢？自我反省的目的就是进一步约束自己的行为和思想，规范自己的行动，从而实现有效沟通。那么需要反省哪些问题呢？

1. 偏见

某机构做过一个问卷调查，得出的结论是几乎所有的人都有自己的偏见，或对某个人有偏见，或对某件事有偏见，或对自己的企业有偏见。自我反省的目的，就是消除这些偏见，确保沟通过程中不掺杂与偏见相关的各种因素。众所周知，偏见是一剂毒药，这一剂毒药可以彻底摧毁沟通。

2. 生气

有些人火气非常大，一触即发。火气之于沟通，完全是一枚不定时炸弹。也就是说，生气是不安全因素。如果沟通人脾气很大，容易生气，甚至到了一点即燃的状态，就需要借助反省的方式去克制自己的脾气，甚至要想方设法改掉它。

3. 偏激

偏激与偏见、生气都不一样。偏激就是一种执念，或者，还可以用“极端”二字来形容它。有人说：“偏激的人容易走极端。”沟通不能走向极端。俗话说：“江山易改本性难移。”偏激是一种本性的表现，是不是就不值得人们反省了呢？答案显而易见。

4. 着急

俗话说：“心急吃不了热豆腐。”许多人急于求成，最后反倒一事无成，原因是什么？事实上，倘若一个人非常着急，他所有的行为都会变得很急。比如，说话很急，急于下结论，会给他人一种又急又冒失的感觉。有人说："着急可帮不了你，只有慢下来才能解决问题。"如果自己着急，而沟通的对象不着急，那么着急还有什么用呢？

5. 紧张

似乎许多人在沟通过程中都有过紧张的体验。紧张几乎是永远无法避免的，越是重要的谈判，越容易让人紧张。当然，适度紧张是有好处的，紧张过度就会影响谈判的进程。因此，一个人需要通过反省让自己保持冷静和清醒，并给予自我鼓励。只有这样，才能消除紧张，增加自信。

6. 走神

在一个重要的沟通或谈判过程中，发起沟通的一方突然走神了，会不会对沟通造成极大的影响呢？有一位银行客户说："如果银行客户经理走神了，说明他根本不在乎你的这笔业务，或者根本不在乎你这个人。"如果养成了爱反省的好习惯，就能够防止这种现象发生。

有人说："如果你指挥不了自己，也就指挥不了别人。"反省的目的，就是让人们能够清醒地认识自己。只有知道自己是谁，才能开启沟通之旅。

有效沟通的基础：实事求是

有些人害怕真相，认为真相并不是美丽的、好看的，而是丑陋的、不被人接受的。因此，为了达到某个目标，人们会编造一些谎言来欺骗他人或者聊以自慰。

有一位银行销售员，向某客户推荐一款高息理财产品。通常，高息意味着风险。也就是说，这款理财产品是有风险的，只不过风险比股票低一些而已。为了达到推销的目的，银行销售员对客户说："您放心购买就行，这款产品没有任何风险。"

哪曾想客户并不傻，他反问银行销售员："真的没有一点风险吗？"这句话让银行销售员有些脸红，他不知道该如何应对。客户继续说："年轻人，说话做事都要实事求是，不能为了卖产品而掩盖真相。客户需要信任，而不是一款这样的产品。我们把辛苦赚来的血汗钱交给你们打理，本身就是一种信任。"在客户的一番教育下，年轻的银行销售员意识到自己的问题，连忙向客户赔礼道歉："对不起，我只是想把产品推销出去，没有想到这些……"

推销的过程就是一个沟通的过程，银行人如果不能够如实地、客观地向自己的客户反映问题，就会带来不可控的后果。因此，有效沟通的基础是实事求是。

实事求是的第一个前提是实事。也就是说，这个问题是客观存在的，既然如此，员工就有义务将这个存在的实事告诉其沟通对象，让对方了解这个实事，并做出自己的判断和选择。换句话说，沟通的被动方拥有"知情权"，有权了解实事的面貌和本质。如果一款产品存在一定的"缺陷"，银行人就要把这个"缺陷"说出来。比如某银行理财产品有风险，它的风险必须要让服务对象知道。

实事求是的第二个前提是求是。求是，就是求得真相，求一个办法。沟通的目的是什么？沟通的目的不就是寻找一个办法让双方都能接受、认可吗？因此，求是也就成了整个沟通的关键，找到双方一致认同的方法，才能把存在的问题解决掉。例如，某商业银行与某大型企业谈判，但双方在合作方面依旧存在着较多问题。对此，商业银行一方非常真诚，而且列举出几个不同的方案供大型企业参考。经过一番努力，双方达成了一致。问题解决了，双方也就"牵手成功"了。

实事求是的第三个前提是客观。人是一种主观动物，几乎所有的情绪、语言、想法，都是主观的。沟通是两个人的事情，如果太过于主观，沟通就会无法进行。客观能够反映出事实真相，还原事件的本质。因此，商业银行的员工要学会把自己置于一个客观的位置上，能够抛弃具有个人主观色彩的想法和认识，从大局出发，结合对方的意见和想法，找到一个契合点。有人说："世界上没有达不成的协议，只有不愿意合作的人。"

实事求是的第四个前提是做事。实事求是，就是一个做事的过程。一般来说，做事之前要先学会做人，似乎做人比做事更重要。从沟通来讲，做事才是第一位的。如果在沟通过程中，只想着怎么去做人，处处给予对方赞美，或者拍对方的马屁，或者过于珍惜自己在沟通中的形象，就会忽略沟通的真正目的。在笔者看来，做事与做人要同时进行，没有谁前谁后。沟通，既要体现人品，更要把事落实到位。话又说回来，对方跟你谈判沟通，并不是来观察你的人品的，而是来寻求解决问题的办法的。

实事求是的第五个前提是分析。许多人只喜欢研究办法，而不注重分析。分析是什么？分析就是对事情加以了解、推测，并找到一个真正意义上的解决办法。分析的目的是求是。世界上有各种各样的分析方法，在选择使用这些方法的时候，银行人也要开动自己的脑筋，先辨别分析，再选择使用。事实上，沟通也是一个分析的过程。通过分析找到问题，然后解决这个问题。问题得到妥善解决，沟通的任务就完成了。

一提到实事求是，许多人就会害怕。他们害怕什么呢？无非是害怕事实对沟通不利。如果人们不把事实摆在面前，又如何能解决问题呢？

有效沟通的核心：拿出诚意

人们总是把诚意挂在嘴上，但是到了关键时候，总有人把诚意丢了。诚意是一种品德，能够拿出自己的诚意才能换取他人的诚意。有人反问："我对他真诚，他对我真诚吗？"当然，这没有确定的答案。你有可能换来真诚，也有可能换不来。但是不用真诚去换，恐怕一辈子也换不来他人的真诚。

有一位银行客户经理小吴，他是个非常老实、低调的人。有一年，他被分配到某片区支行负责大客户开发业务，他便开始了自己的沟通、谈判工作。该片区内有一家大型公司，拥有 3000 余名员工，固定资产超过 10 亿元。如果能够拿下这家公司，片区支行的业务就能上一个新台阶。

为了拿下这家公司，小吴每周一的下午三点会准时出现在该公司老总的门外等候。起初，小吴总是吃闭门羹，老总总是推辞："今天有事，以后再说。"今天推到明天，明天又推到后天。但是小吴锲而不舍，他坚持自己的行动，定期给这位老总发短信。事实上，这位老总拒绝小吴有一个重要的原因：该公司一直与另一家商业银行有着深度的合作。

功夫不负有心人。小吴的这种真诚付出，换来了公司老总的一次邀约。小吴非常兴奋，他认为：邀约代表着老总愿意跟自己沟通、谈判。为了赴约，小吴耗费许多功夫，整理了许多与这家公司相关的合作方面的材料。两个人见面后，小吴直接切入主题。这位老总并不反感，他也知道小吴来这里的目的。小吴拿出自己的方案，一点一点跟老总沟通。这位老总认为：方案虽然不错，但是还缺点什么。一周之后，小吴再次造访。反反复复沟通多次后，这位老总终于在合作协议书上签了字。签完字后，这位老总说："其实想要与我公司合作的商业银行有很多，我选择与你合作，只是因为你更加真诚。"

这个故事，是一个真实的故事。商业银行客户经理用自己的真诚打动客户，并因此拿下一个大客户。刘备求贤若渴，听闻世间有一个能人诸葛孔明可解天下所有的困局。于是，刘备前后三次去拜访，而且一次比一次真诚。俗话说："人心都是肉长的。"诸葛亮被刘备的求贤之心打动了，以毕生精力辅佐刘备。

精诚所至，金石为开。真诚不仅是一种美德，还是一种智慧。沟通传递一种情感，情感是决定沟通成功与否的重要因素。真诚就是一种自然流露出的情感，这种情感对沟通有非常大的帮助。例如，两家公司谈判，其中一方拿出了最大诚意，这个诚意等同于利益，也就是最大限度让利给对方。对方觉得这家公司诚意十足，并且这家公司一开始就想办法解决利益矛盾问题，通过让利更体现出了其诚意。因此，两家公司顺利敲定合作协议，并建立起战略合作关系。

真诚，就是不欺瞒。笔者的一位朋友说："不要藏着掖着，有什么想法就摆到明面上来。"朋友的这番话也表明了被沟通者的一种态度，他们不喜欢被欺骗，而是喜欢真真切切的东西。如果一个人满怀真诚，就不会藏着掖着，更不会去欺骗对方。君子坦荡荡，小人长戚戚。真诚，能够让一个人变成君子，他内心是干净的，讲出来的话是真诚的，不卖关子，也不会威胁他人。一些人总喜欢卖关子，说些"说出来就不再灵验"之类的话，甚是令人反感。这些人，也被称为"大忽悠"！"大忽悠"能"忽悠"一时，却"忽悠"不了一世。真正想要与人合作一世，就要老老实实、诚诚恳恳。

真诚，就是积极主动。许多人都会把真诚与主动出击联系起来。沟通，需要这种主动出击的"力"。众所周知，沟通需要一个推动力，这个推动力或许是利益，或许是其他，如果没有这样一个"力"，沟通就会停滞不前。发起沟通的一方，就是提供推动力的一方。真诚、主动地找对方沟通，主动推进沟通的进展，才能解决双方的问题。如果采取一种消极的态度等待对方发力，恐怕这种等待只能让合作机会偷偷溜走。

真诚是有效沟通的核心元素，也是推动沟通的极有效的力量。对于商业银行的从业者而言，让自己保持足够的诚意，才能服务好客户，才能让客户感受到商业银行的关怀与温暖。

有效沟通的要求：改变自己

每个人都有自己难以克服的弱点，这种难以克服的东西叫本性。俗话说："江山易改，本性难移。"本性似乎是难以改变，甚至是无法改变的。因此人们也会把自己所犯的过失推卸给本性，让本性背了"黑锅"。

有一位哲人说："要学会把你的精力集中到你能改变的事情上，不要为那些你不能改变的事情担忧。"事实上，人能够改变自己可看到的一切，包括自身所能发现的所有缺点。比如一个人喜欢撒谎，当他真正意识到撒谎的危害后，就能改掉撒谎的毛病。有一个人有吸烟的习惯，而且烟瘾非常大，一天至少两包烟。众所周知，吸烟有害健康。许多人都劝他："不要再吸烟了，吸烟对你的身体不好。"但是这个人始终把他人的劝告当作耳旁风。这个人后来得了肺癌，而得肺癌与吸烟有关。听到这样的诊断结果后，这个人果断戒掉了烟。改变自己，看上去很难，实际上并不是很难。改变自己有什么好处呢？如果一个人能够克服自己的缺点而发挥自己的长处，将对自己的人生有直接帮助。其中，改变自己可以直接改变沟通的走向。

改变自己，要自我要求。现实生活中，许多人都会先要求别人，再要求自己。某人对另一个人颇有微词，并说："某某人品太差了，如果他做出了改变，我就跟他交往。"但是一个人，常常十分主观，认为错不在自己，而在于他人。事实上，这种主观上的判断并不“靠谱”，多半是自己存在更加严重的问题。改变自己时，要严格要求自己，让自己达到某一个“评判标准”。在沟通过程中，只要求对方而不做自我反省，通常得不到对方的认可。要以德服人，只有约束自己的行为，让自己变得有德，才能有说服力。

改变自己，要换位思考。有一位老师，他非常严厉，眼睛里容不得一粒沙子。如果他的学生因为马虎而做错题，就少不了一顿严厉的训斥。有一次，有一名尖子生只考了 65 分，他便对其批评一顿。这名尖子生非常委屈，他向老师解释道：“考试那天我发高烧了。”但是老师的批评已经给出，再也没有办法收回。老师的一次批评，可能换来的是学生心灵上的伤害。如果在沟通、谈判之前，学会换位思考，用客观代替主观，会不会就能改变事情的走向呢？有一个名词叫“同理心”，就是一种换位思考、感同身受的能力。而这种能力，也是现代沟通学所倡导的。

改变自己，要关爱他人。互联网时代，生活节奏越来越快。在快节奏的世界里，人们似乎正在丧失爱这一本能。爱原本是一种本能，而生活方式的改变，让爱变得无处可栖。有人说：“爱是无所不能的，离开了爱，人什么也不是。”如果一个人是麻木的、冰冷的，对任何事都缺少一种热爱，那么他所做出的一切行为都是一种机械性的行为。沟通需要爱，更需要传递爱，如果没有爱，沟通就是无效的。有一位银行客户经理用爱与客户沟通，总能够温暖客户，让客户感受到真诚的服务。这位银行客户经理说：“爱是沟通的关键，没有爱，也就无法实现沟通。”许多成功人士也总结得出：爱就是沟通的本质。改变自己，就是改变自己的麻木和冰冷，让自己多一些感恩，能够爱对方，用爱改变对方。

改变自己，某种程度上是改变了某种结果。如果成功有效的沟通需要你做出改变，那么你还等什么呢？

有效沟通的成功之道：重视结果

沟通是具有方向性的社交活动，人们借助沟通是为了解决某一个问题。从某个角度来看，沟通是功利性的。有人问："既然沟通是功利性的，人们会不会因此而变得十分功利？"事实上，人们在沟通活动中应该重视结果，需要保持适当功利性。许多人听到"功利"二字便流露出鄙视的神情，认为带有功利色彩的东西不好。但是人生处处离不开功利，重视结果并没有错。

有一个叫约瑟夫的人，他是一位银行理财师。他服务着一群高端客户。其中一位客户是石油商人，家财万贯，但是他对自己的财产分配现状感到不满。得知这个情况，约瑟夫拿着方案预约上门沟通，希望自己的意见和方案能够帮助石油商人。

还有一件事不得不提，近期许多银行理财师都预约了这位石油商人，这些银行理财师的方案大同小异，商人似乎选择任何一位的方案都是可以的。但是这位商人是一个非常有个性的人，他想听到不同的答案。当约瑟夫将理财方案呈现给石油商人时，石油商人摇摇头说："这是我本月看到的第十一份理财方案，你的理财方案与其他十份没有什么不同。"听到石油商人的话，约瑟夫本应该失望。但是约瑟夫并不气馁，他对石油商人说："先生，既然所有的方案都是一样的，说明这样的方案是安全的，有利于您的。对于银行而言，您是上帝，我们必须要为您的财产负责。如果您觉得这份方案达不到您的要求，我这里还有两份备用方案。"

石油商人同意了约瑟夫的请求。约瑟夫拿出两份备用方案。其中一份方案是收益率高但带有较高风险的理财方案；另一份方案是"复合型"理财产品方案，该方案收益率尚可，且风险较小。约瑟夫耐心地向石油商人解释，石油商人对“复合型”理财产品方案比较感兴趣。经过两个小时的沟通，石油商人终于露出了微笑，他说：“约瑟夫先生，我非常感谢你的耐心解答！对于一位商人而言，追求高收益是永恒不变的；但是风险也是必须要考虑的。我一直想要寻求利益最大、风险最小的那个‘点’，这份方案是我想要的东西。感谢你约瑟夫先生，你帮我找到了！”

约瑟夫得到了石油商人的肯定和认可，也因此顺利达成了合作。约瑟夫说：“我总是喜欢提前准备多份方案，这样做的目的就是给客户多提供几个选择，让他们自行决定。”

故事中的约瑟夫是一个“不达目的不罢休”的人，这种性格在沟通中体现得淋漓尽致。沟通的目的就是解决问题。想尽一切办法帮助客户就是一种“指向终极结果”的沟通。那么什么是重视结果的有效沟通呢？

重视结果的有效沟通必须要有反馈。简言之，反馈就是问有所答。例如，商业银行客户经理与客户进行沟通，客户经理就必须对客户提出的问题给予回复，这是一种反馈；另一种反馈是，商业银行客户经理在与客户沟通后能够得到客户的反馈，比如是否有不同的意见和想法，能否接受银行的建议等。如果沟通中能够形成良好的反馈信息互动，就证明该沟通是有效的，而且是指向结果的。

重视结果的有效沟通必须要有方案。有一位管理学家认为：沟通是为方案提供媒介，如果人们不能通过沟通呈现出应该有的方案，这样的沟通就是失败的。众所周知，客户需要方案，方案才是解决客户需求的关键。因此，商业银行客户经理在与客户沟通时，一定要随时做好呈现方案的准备。客户需要什么，就准备相关的方案。就像前面故事中所讲，约瑟夫为了打动石油商人，提前准备了三份方案，最终打动石油商人的并不是约瑟夫的诚意，而是其中的一份方案。

重视结果的有效沟通必须要有备忘录。有时候，谈判是漫长的，恐怕需要经过许多阶段才能完成。每一个阶段等同于一次沟通，而这些阶段能够呈现出连续性的态势。这就要求主动沟通的一方对每一个阶段的沟通进行整理，用来跟踪并反馈沟通的结果。有人问："备忘录真的有用吗？"在笔者看来，备忘录等同于一次阶段性的实践总结，人们能够借助总结"复盘"之前的沟通，并从中萃取有用的经验。在这里顺便普及一下"复盘"的概念。所谓"复盘"，就是复演"棋局"的记录，检查"棋局"中招数运用的优劣。下棋是一种博弈，谈判沟通也是一种博弈。

除了上述三点外，重视结果的有效沟通必须要务实。只有讲究实际、重视事实，才能找到解决问题的真正办法。

第四章

用『心』沟通法则

有效沟通的“自信心”

做任何事，都离不开自信。自信是一种力量，它可以调动一个人的全部潜能。大作家萧伯纳认为：有信心的人，可以化渺小为伟大，化平庸为神奇。而那些成功的人，几乎都是非常自信的人。当一个人展现自信的自我时，他也会开心、愉悦。现实中，许多人是内向的、自卑的，总觉得自己比不上他人，害怕与他人交流。即便交流，也会非常紧张，畏首畏尾，担心说错话得罪了对方。越是自卑、害怕，越容易被他人否定、取笑，且看下面这个故事。

古时候有一位木匠，他的水平非常高，甚至比许多所谓的“名人”都要出色。但是这位木匠胆子非常小，也不爱与他人交流。只要自己的生意勉强过得去，他绝对不会求人。后来，木匠所在的地区一直战乱不断，无奈之下他只能携家眷去了南方。

刚来到一个新地方，他的首要工作就是捡起自己的技术，继续做一名木匠来养家糊口。此时，有一位有钱人准备建造园林，正在招募能工巧匠。只要本事出众，一经录用，待遇优厚。对木匠来说，这简直是天赐良机。木匠的妻子劝木匠：“凭借你的技术，你一定能干得好的，你明天试试看吧！”

木匠是一个胆小的人，害怕与他人交流。于是第二天，他打了一个转儿就回了家，对妻子说："人家嫌我技术不行，没有要我。"他的妻子对木匠的技术非常有信心，觉得丈夫的技术绝不会比其他人差。她觉得"招人"这事存在猫腻，于是她打算亲自去看看。

木匠的妻子来到招人处，便问："请问你们找到木匠了吗？"对方如实回答："没有啊，好木匠难觅啊。"木匠的妻子鼓起勇气推荐道："我认识的一个人本事了得，说不定他就是你们想要找的人。"于是木匠的妻子带着木匠再次来到招人处。招人处的人见木匠有些眼熟，但不知道他是做什么的，便问："你是木匠？"木匠点点头，但是不敢出声。招人处的人问："你都会些什么？"木匠吓得不敢说话，木匠的妻子替他说："这是我男人，只要世间存在的东西，他都能雕刻得栩栩如生。要不然你们现场考考他？"木匠的妻子朝木匠使了一个眼色，木匠只好说："你们可以考考我。"

虽然招人处的人将信将疑，但是他迫切需要一名木匠，于是，给了木匠一块木头，让他在一个时辰内雕刻一件东西。木匠坐下来，拿出刻刀，然后开始雕刻。一个时辰过去了，木匠将那块木头雕刻成了一匹活灵活现的马！招人处的人非常惊奇，于是拍着木匠的肩膀说："既然你有这样的本事，为何不亲自来应聘呢？"

木匠最终被录用。但有一点非常值得深思：如果不是木匠妻子的帮助，恐怕木匠还在为"养家糊口"的事情发愁。

这个故事虽然是一个古代的故事，但是它说明，一个人若缺乏自信，将一事无成。李白有一句诗："天生我材必有用。"也就是说，每个人都有其才能，不要妄自菲薄。古希腊哲学家伊壁鸠鲁认为：对人们帮助最大的，并不是朋友们的实际帮助，而是人们坚信能得到他们帮助的信念。

自信是一种勇气，而沟通需要这种勇气。比如在谈判中，如果人们遇到一个难缠的对手，并被对手的气场所吓倒，就会处处被对手牵着鼻子走，最后不得不选择妥协或者放弃。自信是一种自我肯定。一个人如果不敢面对自己，不敢肯定自己，又如何能面对他人呢？有一名年轻的银行员工总认为自己做不好事情，在与客户交流中，这种自卑便流露出来。有一位客户给他打气：“你害怕什么？难道客户能把你吞了？你该怎么说就怎么说，只要能够完成自己的任务就行。”如果银行的每一个员工都像这个年轻人那样自卑、害怕，银行业务又怎能顺利开展呢？

当然，自信还是一种积极的人生态度。如果客户能够从你的脸上看到自信，也就会大胆、放心地把自己的钱交到你的手里；如果客户从你的脸上读出来的只是自卑与怯懦，又怎么敢把自己的财产委托给你进行管理呢？有勇气、有自信的人，才能做好沟通工作。

有效沟通的“平和心”

当下的社会，是一个快节奏的社会。甚至连人们走路，都带着一种快节奏。但是快节奏常常让人们变得焦躁不安。焦躁带来的痛苦是绵长的，这种焦躁同样会影响交际。比如，许多人为了利益而去交际，这种交际往往会演变成利益的纷争。正所谓“天下熙熙，皆为利来”，在交际中，许多人似乎丢掉了一样宝贵的东西：“平和心”。

平和的心态，看似人人都有，事实上大多数人都不具备。人，通常是感性的动物，大部分认识、交流都依赖自己的感性，而这种感性是极不稳定的。例如，一个人在沟通过程中因为意见上的不同与客户发生了激烈的争执，争执结束后，客户结束了沟通，终止了合作。这种剧烈的情绪从何而来呢？事实上，这种情绪很大程度上与不同的意见无关，而与自己的心态有关。一个人如果没有平和的心态，恐怕什么都做不好。

有一位年轻人，他曾是某商业银行的办卡员。办卡是商业银行的基础业务，也是拓展客户的常见方式，售卡、办卡的过程等同于一次沟通过程。有一年，该商业银行在某家商场举办办卡活动，这位年轻人也参与了活动。

一对年轻夫妇有办卡的需求，于是坐下来咨询办卡的事宜。这位年轻人态度非常好，一五一十地向年轻夫妇介绍该银行卡的特点："我们与这家商场有深度合作，只要您办理我们的银行卡，在这家商场消费，可享受九八折优惠。每年用我们的银行卡消费两次，就可免年费了。"

如果这位年轻的办卡员能够始终保持这样的服务态度就好了。此时这对年轻夫妇说："这也不算什么优惠吧，既然如此，还不如直接办一张商场的会员卡呢，不仅有折扣，还有积分呢。"

年轻办卡员有些赌气，便与年轻夫妇争执起来："商场会员卡只是会员卡而已，它跟银行卡是一回事吗？"

……

当然，这样的争执对办卡员来说是毫无益处的。年轻夫妇自然不会买账，年轻办卡员似乎身心受到了打击，一怒之下选择了辞职。

在笔者看来，这种生气是毫无道理的。现代社会，人们被一种焦躁所困扰。如果与你沟通的是你的上司、你的客户，而你一言不合就起冲突，也就不会有好果子吃。要么把客户吓跑了，要么被上司炒了鱿鱼。由此看来，一个人拥有一颗"平和心"是多么重要啊！

一个人只有让自己冷静下来，才能看到真实的东西。因此，人们需要冷静，不生事端，更不与人争执。即使遇到了不同的意见和看法，也要客观对待、冷静化解。俗话说："世界上没有过不去的坎儿。"拥有了这种"平和心"，人们才能领悟人生真谛。

"平和心"，代表着一种不争。古人云："善者不辩，辩者不善。"

与他人争辩，只是逞强而已。侥幸获胜，除了满足了内心的虚荣，对结果并无益处。因此，在沟通中应该学会不争，争执对沟通而言是毁灭性武器。例如，某客户因为产品质量问题与客服人员发生了争端，客服人员拒绝处理客户的意见，最后竟然闹上了法庭。争执的结果，不仅仅是上法庭，而且是一家企业及其产品的形象遭到了损毁。想要重建这种形象，谈何容易。不争是一种美德，一种谦让，一种“平和心”的体现。

“平和心”，代表着与人为善。《孟子》中言：“取诸人以为善，是与人为善者也。故君子莫大乎与人为善。”这句话的意思是说，学习别人的优点而增补自己的善良道德，就是帮助别人行善，有道德和善念的人最大的优点就是帮助天下人去行善。与人为善才能得到善，与人为恶只能得到恶。与人沟通，更需要与人为善。善才能确保沟通的效力，恶只能让沟通提前结束。

保持一种“平和心”，就是拥有智慧。快节奏的时代，更需要人们保有一颗“平和心”。有一位银行行长说：“我们常说的真诚服务，就是靠一颗‘平和心’去体现和展示的。”“平和心”是一种“心”，更是一种心态。拥有了平和的心态，既能宽慰自己，也能宽慰他人。

有效沟通的“包容心”

包容是人的一种特质，包容万物，就是能够接纳一切。古人云：“海纳百川，有容乃大。”如果一个人能够有“容纳世界”的胸怀，就不会再被痛苦干扰。包容，意味着爱，意味着原谅。

古时候有一个书生，他的家境非常贫寒，父母为了供他读书，忍受着饥饿带来的痛苦。他的父母对他说：“你以后一定要出人头地，光耀门楣。”这个人刻苦读书，希望通过自己的努力摆脱贫穷。

求学期间，有一个人经常瞧不起他，常常对他说："你就是一个混不出头的穷书生，今日穷，明日穷，一辈子都穷。"对此，他都能够忍受，他记着母亲对他说过的话："与其争得面红耳赤，还不如试着接受。"贫穷的书生对瞧不起他的人始终报以微笑，然后继续学习。

包容，能够让一个人拥有良好的品德。后来，这位书生考取了进士，做了官。许多人知道他曾经是个穷人，认为他一定很喜欢钱，所以拿着钱去求他办事。书生非常廉洁，不仅不收他们的钱，而且能够为他们指出一条明路。对那些曾经讽刺过、挖苦过他的人，他也没有倚仗权势去报复。

有一年，他回到老家，为家族修建祠堂，偶遇曾经欺负过他的人。那人知道他成了大官，便想办法躲避。他对那人说："你不用躲着我，你又没有犯法。"那人羞愧地低下头，并求他原谅。他说："我收下你的歉意，希望你能够对穷人、富人一视同仁。"

"包容心"的养成对一个人的人际交往有着非常重要的影响。

有个人叫约翰逊，他是一名保险推销员。他从事推销工作二十年，从未跟自己的客户红过脸。有人评价约翰逊："这个家伙是一个完全没有脾气的人，简直就像水一样。那些看上去怒气冲冲的家伙，也总能够细声细气地跟他说话，我相信他身上带有某种'魔力'。"

有一年，约翰逊去给一位孤寡老人送保险单。这位孤寡老人脾气非常暴躁，甚至恶名远扬。从他敲门的那一刻起，这位老人便对他报以骂声："我不会给你开门的，你给我赶紧离开，我这里不需要你！"

保险单需要老人签名，否则无法生效。约翰逊只能隔着一道门与老人沟通。约翰逊说："难道您不愿意给我一次机会吗？"

老人仍旧不肯开门。

约翰逊继续哄着老人：“您是我的客户，如果您给我这次机会，我会十分感激您的。”

约翰逊不但没有被老人激怒，反而激发出一种“包容心”。老人似乎也骂累了，或许觉得约翰逊是个好人而不是坏人，于是打开了门，并在保险单上签了字。

约翰逊非常开心，他不仅完成了任务，而且帮助了孤寡老人。他认为：世界上，每一个人都是不同的，但是他们有一个共同点，都有属于自己的良知。约翰逊总是能够看到人们善的一面，并因此能够包容人们恶的一面。

有人质疑：“世界是非黑即白的，人不也是善恶分明的吗？难道我们还要对所有的恶进行包庇吗？”人们当然不能包庇恶，但是生活、工作中的人，又有几个是恶贯满盈、十恶不赦的呢？要心胸开阔一点，不钻牛角尖，不针尖对麦芒似的顶撞他人，不做令他人为难的事情。就像某位银行行长所言：尖酸刻薄可帮不了你什么。有一位女职员，她非常瞧不起那些所谓的“素质低”的人，甚至想跟他们划清界限。那些她看不上眼的同事，总是在背后偷偷议论：“这个女人清高得要命，总说别人没有素质，其实，她也没有什么素质！”久而久之，女职员连一个朋友都没有。女职员因为尖酸刻薄而逐渐失去了沟通能力，自然只能依靠个人的能力支持自己的工作。幸亏，她只是一名档案管理员，如果她是一名管理者或者业务经理，恐怕她将无法胜任这样的工作。

“尖酸帮不了你，心胸狭窄更无法让你拥有世界。”当人们再次重复这句话时，就能感受到“包容心”对于一个人的重要意义。换句话说，只有拥有“包容心”的人才能够融入社会群体，才能够成为沟通达人。

有效沟通的“同理心”

许多人将沟通与情商联系起来，并认为情商较高的人拥有较强的沟通能力，情商较低的人拥有较弱的沟通能力。这看上去并没有什么问题，似乎沟通能力的强弱果真与情商的高低息息相关。如今，社会上有许多培养情商的机构，比如21天情商速成班。情商可以培养，但是21天时间就能培养好，显然是有些夸张了。

提高情商确实有助于沟通。例如，有两名业务代表，一名性格内向，情商似乎有点低；另一名性格外向，情商非常高。两个人负责同一个业务。性格内向的业务代表与客户面谈后，并没有说服客户，客户反倒觉得这个人刻板、不懂得变通。性格内向、情商较低的客户代表失败而归。那名性格外向、情商较高的业务代表见了客户，他不仅头脑灵活，而且总能够顺着客户的思路，把客户最想表达的话讲出来，并能够提供恰到好处的方案。客户对此非常满意，挥笔签订了合同。这个例子也证明了情商的高低与沟通能力的强弱息息相关。

情商包含了许多组成成分，其中的一个组成成分不得不提——“同理心”。“同理心”是什么呢？“同理心”就是站在对方的立场上思考问题并进行交流的一种能力。互联网时代，“客户思维”被提炼出来，而“同理心”与“客户思维”不谋而合。换句话说，“同理心”就是揣摩他人的心思，按照他人的心思去设计沟通内容，从而一步一步地引导着他人走向成功合作的彼岸。如果一个人不具备这样的能力，沟通效果就会大打折扣。

某商业银行客户经理小王与他的一位大客户预约，希望通过沟通、谈判的方式完成下个阶段的合作。于是，他如约来到谈判地点，见到了这位大客户。这位大客户原本想要换一家合作银行，并寻求一些新板块和新模式。大客户与小王见面的目的，就是告诉他：自己想要换一个合伙人。

小王是个情商很高的人，通过谈话他感受到了大客户的这种想法。小王说：“老板，如果换成我，我也支持您的这种做法。一家公司想要脱胎换骨，需要寻找一种全新的合作模式。”小王肯定了大客户的这种观点，并不代表要放弃沟通与合作。另外，大客户也希望小王能够拿出新方案供他参考。在此之前，大客户已经接到了多家商业银行发来的资料和方案，而小王提供的方案依旧有很大的参考价值。

于是小王将提前准备好的新方案呈现给大客户，并进行了现场的PPT（演示文稿）讲解。在讲解过程中，小王还留出了提问的时间，让大客户提问，然后再解答大客户的问题。很显然，这个互动环节是特意针对大客户而设计的。通过这种互动，这位大客户的想法有了改变。他开始提问更多关于合作细节方面的问题，这一心理变化也被小王及时捕捉到。他认为：大客户的这种转变，恰恰是一种转向，也就是说，他对自己的方案感兴趣了，有意向与自己继续合作。

小王在营造良好的谈判气氛的同时，开始采取一种“攻心为上”的策略。他并没有评论其他商业银行的方案优劣，而是想办法将自己方案的优点和特色呈现出来，并“暗示”大客户：其他商业银行能够提供的新方案，他所在的银行也能够提供。当大客户开始肯定他的方案时，成功就近在咫尺了。

经过几个阶段的沟通，小王打动了大客户，大客户表示：只要小王能够提供好的方案和服务，还会优先选择与小王所在的商业银行合作。

“同理心”并不是简单的换位思考，而是一种心理哲学。它包括四个元素，即掌控自我情绪、深入探求对方情绪、营造良好的沟通氛围、抓住对方的相关需求。掌控自我情绪，就是控制自己的情绪，让自己保持一种冷静的、客观的状态，并且不再受周边环境变化的影响。深入探求对方情绪，就是通过换位思考去感受对方的想法，并将对方的想法作为设计沟通的依据。营造良好的沟通氛围，就是给对方一个轻松的谈判环境，并引导对方进入具体的谈判环节。抓住对方的相关需求，等同于“转换”，能够满足对方的需求才能够将合作落地。

老子在《道德经》里写道：“知人者智，自知者明。胜人者有力，自胜者强。”这句话的意思是，了解他人的人是有智慧的，了解自己的人是高明的；能够战胜他人的人是有力量的，能够战胜自己的人才是真正的强者。这句话，同样适用于日常的沟通；这句话，也是“同理心”的一种表现。

有效沟通的“赞美心”

人都希望得到他人的认同和赞美，而一句赞美的话确实可以令人心情愉悦。但是有些人认为：赞美与拍马屁如出一辙。这里需要解释一下，赞美与拍马屁完全是两码事。赞美是发自内心的、没有任何目的的肯定；拍马屁多半是为了迎合某些人。当然，如果一个人能够在沟通中把马屁拍好也并不是一件坏事。比如，有些客户喜欢被人拍马屁，而如果恰恰有马屁拍上来，就会产生良好的互动效应。当然，人们更需要用赞美去代替拍马屁，赞美是一种美德，一种尊重。每一个人身上都有自己的闪光点，这个闪光点就非常值得称颂。

有人说：“赞扬是一种精明、隐秘和巧妙的奉承，它从不同的方面满足给予赞扬和得到赞扬的人们。”赞美能够使人愉悦，而沟通需要这种使人愉悦的方法。卡内基认为，人性有一种弱点，这种弱点就是渴求他人的赞美。人们通常把这种弱点看成内心需求，或者虚荣心。事实上，每个人都有虚荣心，而虚荣心的背后则有一颗超强的“自尊心”

在作怪。既然人性如此，又何必纠结呢？一句赞美他人的话，或者一句表扬他人的话，难道就那么令你难以启齿吗？有一位年轻人在服务完某位客户后非常郁闷，朋友问他：“你有什么可郁闷的？客户没有投诉你，而且还给了你好评，难道这还不够吗？”这位年轻人说：“我硬着头皮赔笑脸，还说了许多言不由衷的话，你说我能开心吗？”年轻人有他不开心的理由，倘若年轻人把这种不开心放在沟通环节里，真正不开心的恐怕就是客户了。客户不开心，投诉你，拒绝再次购买你的产品，恐怕这种才是真正的不开心。

赞美不是为了迎合某人，而是一种由衷的行为。但是想要做到发自肺腑赞美他人，似乎有些困难。一个人想要做好沟通工作，需要平和一点、宽容一点，能够站在对方的角度思考问题。如果一个人拥有了“平和心”“包容心”“同理心”，也就能够由衷地发出赞美。比如，有一位银行行长从来没有批评过自己的下属，他通常用赞美、鼓励代替批评。他认为：赞美使人进步，批评却会适得其反。谈到“批评”二字时，这位银行行长说：“我会把批评留给自己，我是银行的行长，员工出了问题还需要从管理方面找原因。”因此，鼓励与赞美营造了非常良好的管理环境，而良好的管理离不开有效的沟通。赞美他人的方法有很多种，简单介绍以下几种。

直接赞美，这是一种开门见山式的赞美法。这种方法有瞬间“破冰”之功效。比如，员工见到上司时可以直接说：“老板好，今天您的气色很不错！”赞美并不需要长篇大论，也不需要语言措辞非常严谨，一句普普通通的夸奖人的话就能够达到抚慰人心的效果。比如，销售员见到客户时可以直接说：“您能来，我真是非常开心！”人人都希望被夸奖，而直接赞美既简单又直接。

肯定赞美，这是一种发自内心的、由衷的认可与赞同。这种赞美，源自一种共鸣。例如，某公司经理开年度总结大会时，对全年工作进行了总结发言。其他人对这种总结表示认同，并给予赞美的掌声。掌声虽然不是一句话，同样可以达到赞美、鼓励的效果。在沟通过程中，肯定并认可他人的观点和想法，就是一种赞美。

意外赞美，这种赞美是一种出乎意料的赞美，常常能够给枯燥的沟通和谈判增添色彩。某银行客户经理与客户进行业务方面的沟通，在沟通期间，银行为客户准备了一份礼品。客户经理拿出礼品对客户说："差点忘了，有一份精美的小礼品送给您，它非常适合您优雅的气质。"借助小礼品去赞美自己的客户，这种意外赞美能够收获客户的好感。

著名作家毕淑敏也介绍了一种赞美他人的方法："夸奖人的时候，不可静如秋水，要七情上脸。不要以为喜形于色是不老练的举动。别人的进步，值得我们为之欢欣鼓舞，并且让对方毫无疑义地感知我们的赞美和欢愉。"总之，赞美是一种美德，一种智慧，一种能够促进沟通的合理、有效的方法。

有效沟通的"尊重心"

"尊重"一词，伴随人的一生。每个人都有自尊，如果把"自尊"二字拆解开来，就会发现自尊是一种自我评价与他人评价的"结合体"。一方面，自尊是自己对自己的一种肯定；另一方面，自尊需要他人的尊重和肯定。如何才能产生自尊感呢？当一个人受到某个人或者社会舆论的影响时，这种自尊感就产生了。自尊不是一个神秘的东西，它有时候更像一种需求，人们渴望自尊需求得到满足。如果人们用肯定、赞美、鼓励等方式认可一个人，这个人的被尊重的需求就会得到满足，也就会产生愉悦感。

某商业银行的一位个人客户经理小刘，通过自学马斯洛的心理学知识，掌握了一套沟通术。用他的话说，这套沟通术并没有多少技术含量，仅仅是围绕着客户的自尊而展开的。

有一位女性客户，对一款银行理财产品感兴趣。众所周知，女性客户更加感性，她们相信自己的直觉。因此，小刘先给她留下良好印象，然后向她推荐产品。小刘善用赞美来表达自己对客户的看法，于是他的第一句话是：“您真漂亮，简直就是‘女神’！”许多女性客户都爱听这样的赞美，得到这样的评价后，往往才会有合作上的“下文”。女性客户觉得小刘嘴巴甜，勤快，而且业务能力很强，处理事情一点也不拖泥带水。这样的良好印象的建立，源自女性客户的自尊需求得到了充分满足。因此，小刘给她推荐产品的时候，她便直接对小刘说：“你帮我参考选一款就行了，我非常相信你！”

女性客户走后，一位老年客户来到银行咨询业务。小刘先是给他倒了一杯水，然后像亲人一样嘘寒问暖一番，给老人一种非常温暖的感觉。老人对银行理财产品不太了解，希望小刘能够多为自己介绍几遍。小刘非常有耐心，一款一款地向他介绍，并对比各个产品的优劣。老人觉得小刘非常实在、真诚，而且非常有耐心，便表扬小刘：“小伙子，你的服务很到位！我相信你，你帮我推荐一款产品吧！”

两位客户都认可小刘，并让小刘帮助他们进行决策。从根本上讲，这就是由一种信任驱动的。这种信任源自哪里呢？事实上，这与客户的被尊重的需求得到满足存在着必要的关联。

随着人类文明的发展，人对自尊的需求更加重视。尊重他人，也标志着社会的进步，进而使“文明人”与阻碍社会发展的、不尊重他人的“野蛮人”区分开来。现实中，许多人不知道如何尊重他人，完全按照主观想法去评价一个人。

某企业人事部员工小吴，负责人力资源管理、协调的工作。换句话说，他的工作需要通过沟通来完成。有一次，他与一位处于消极工作状态的员工谈心，希望通过沟通的方式，让这位员工恢复正常的工作状态。

这位员工问小吴："如果是公司派你来的，你就帮我传个话吧，我想直接跟老板谈。"事实上，这位员工的要求并不过分。如果按照常规处理，小吴完全可以这样说："如果我的权力允许的话，我尽量帮你实现；如果我的权力不允许，就很难帮助你了。"这样一句话，不但不会得罪这位员工，而且给自己留了一个台阶。

但是小吴有点激动，采用一种质问的口气回应："你就是一名普通员工，你想见谁就能见到谁吗？你觉得这现实吗？"这句话打击了员工的自尊，随后这位员工反驳道："普通员工就不是人吗？"

两个人为此争吵起来，沟通工作也因此而结束。消极工作的员工继续消极怠工，小吴也没有完成上级交代的任务，最后以"两败俱伤"的结果收尾。

现实中，这样的例子比比皆是。戴着有色眼镜去看待一个人、评价一个人，有可能引发这样的争吵。有的人甚至能够为了维护自己的"自尊心"而去送命。自尊是人生命的重要组成部分。一个人只有得到了你的尊重，才会尊重并肯定你。哲学家叔本华说："要尊重每一个人，不论他是何等的卑微与可笑。要记住活在每个人身上的是和你我相同的性灵。"因此，拥有一颗"尊重心"，是有效开展沟通工作的关键。

有效沟通的"耐心"

沟通中最不可少的一味药是"耐心"，"耐心"是贯穿整个沟通过程的核心元素。一个漫长的沟通过程，如同一次马拉松。众所周知，马拉松是一项需要消耗极大体能的运动，它不仅考验运动员的运动能力，而且考验其耐力和意志力。沟通也是如此，虽然它不会消耗一个人过多的体能，但是需要一个人拥有极强的忍耐力和取胜的意志力。

某商业银行与某大型企业进行合作谈判，谈判已经进行了许多天，可以用“拉锯战”来形容。有人好奇：“不就是一次合作吗？为什么要谈这么久？”银行与大企业之间的合作，涉及的方面非常多，如果无法谈妥，合作也就无法进行。

负责谈判的是该银行的郭行长。郭行长说：“谈判是一项消耗极大的工作，它需要你不断地调整思路，并按照既定沟通方向进行。在这个过程中，还要防止各种‘谈崩’的可能性。稍有不慎，可能就前功尽弃了。”大客户对于商业银行而言，完全是“财神爷”般的存在。能够在激烈的市场竞争中抢下一位大客户，将会为银行的未来发展奠定基础。郭行长面临着非常大的谈判压力，但是按照他的话说：“越是关键的时候，越要有‘耐心’。”

谈判进入白热化，该企业的负责人提出了几个问题，商业银行方面却没有提供非常到位的答案。为了解决这些问题，郭行长在银行内部成立了课题小组进行沟通讨论，希望通过集思广益找到出路。三天之后，一个新方案出炉了。再次回到谈判席时，郭行长向该企业负责人展示了新方案，并进行了详细阐述。经过多次磋商，双方终于达成了合作共识。合同签完之后，该大型企业的负责人也终于松了一口气：“真是很不容易！只有把所有细节方面的问题都解决了，才能进行合作，否则，将会摩擦不断。”

美国前总统尼克松认为，胜利的道路是迂回曲折的。像山间小径一样，这条路有时先折回来，然后伸向前去，走这条路的人需要“耐心”和“毅力”。累了就歇在路边的人是不会得到胜利的。不难发现，“耐心”是通向成功的重要基础元素。但是现实生活中，“耐心”似乎离人们越来越远了。在这么一个节奏快、追名逐利的社会里，人人都想像吃快餐那样快速解决问题。

在美国，有一位年轻人叫伊兰，他在一所养老院从事养老护理工作。老年人有时反应迟钝，服务他们时一定要有“耐心”。有一些老年人脾气古怪，不太容易交流。

伊兰并不是非常喜欢这份工作，按照他的话说：“这只不过是一个谋生手段而已。”事实上，他并不喜欢跟老人打交道。伊兰与老人们沟通时，总希望一句话就能解决问题。比如，伊兰对一位患有帕金森病的老人说：“您身体不好，就一定要服从我们的安排，我们只会对你好，不会害你。”但是这位老人可不这么认为，他的评价是：“伊兰太过粗鲁，做事从来不跟我们商量。只要是他决定的事，就要求我们必须这样去做。”

这种粗鲁也为伊兰带来了许多麻烦。有一次，伊兰与一位老人因为一点小事争执起来。老人的儿子打了伊兰，伊兰也不肯示弱，后来伊兰被养老院开除了。养老院的管理者对伊兰说：“养老护理是一份需要‘耐心’的工作，你可能不太适合从事这样的工作。”

哲学家培根认为：“耐心”是高尚的秉性，坚韧是伟大的气质。无论何人，若是失去了“耐心”，便失去了灵魂。事实上，许多人都知道“耐心”对于人生的意义，但是只有付诸实践的时候才感受到“耐心”是多么难以把握的东西。人们希望欲望“即刻被实现”，也就是说人们总希望“越快解决越好”。因此，人们总希望找到一种能快刀斩乱麻的捷径，甚至希望借助一句话去解决问题。当人们抛下“耐心”去争取一个结果时，往往适得其反。沟通，本就是一件需要“慢工出细活儿”的事，因此沟通者更需要拥有极大的“耐心”。就像美国前总统富兰克林说的：有耐心的人，能得到他所期望的。

第五章

沟通不单是语言交流

沟通的第一印象：着装

古代有一位使臣，这个人非常有才，有一套合纵连横的本领。有一年，两个国家交战，但是交战数日也没有分出胜负。后来，其中一个国家的皇帝便打算派这位使臣去议和，重新划分一下边界。这位使臣接到皇帝命令之后，第二天便赶着马车去了敌国。

这位使臣是一个不修边幅的人，穿着粗布衣服，完全没有使臣的样子。通常来讲，使臣代表一个国家的形象，虽然不一定要穿锦衣绸缎，但是也应该干干净净。可这位使臣，就像一个破落户，给人一种非常不好的感觉。这位使臣不以为然，他说："我依靠我的嘴巴办事，又不是依靠一身'皮'。"他总是振振有词，谁也说不过他。

到了敌国，刚刚签了通关文牒，这位不幸的使臣就遇到了一伙强盗，他的马车、盘缠统统被抢。这一次，他彻底变成了一个"乞丐"！他心想：这次麻烦了，如果议和之事得不到解决，恐怕脑袋不保，甚至会被株连九族。为了见到敌国皇帝，他费了许多周折。首先，他找到一位武官，然后向其解释自己的身份，以及出使的目的。这位武官听了之后哈哈大笑："就你这副模样，还好意思说自己是使臣？"

不过这位使臣有三寸不烂之舌，后来还是说服了武官帮他引荐。武官把他引荐给一位当朝大臣，这位大臣一眼就认出了使臣，便问他：“难道你的国亡了吗？怎么穿成这个样子前来我国？是要来我国逃荒讨饭吗？”对于大臣的这番嘲弄，使臣既无奈又无话可说。当然大臣是在开玩笑，他又对使臣一番教育：“如果你真打算穿着这身衣服去见皇帝，恐怕你连皇宫都进不去！你还是换身衣服吧，你一个使臣怎么也要打扮一下吧。”

这位使臣接受了大臣的建议，换了一身衣服才进了宫。后来，使臣成功说服了敌国皇帝，两个国家不再打仗，并签订了“停止战火”的协议。

故事中的这位使臣，是一个不修边幅的人，遇到了非常多的麻烦。倘若有一位衣衫褴褛的人想与你讨论价值数亿元的合作，你敢相信他吗？绝大多数的人会认为：这个人一定疯了，是不是哪家精神病医院跑出来的患者？事实上，一个人的沟通形象非常重要。如果你都不把自己当回事，沟通对象还能把你当回事吗？

穿衣是一门艺术，能够体现一个人的精神状态、职业身份和审美情趣。众所周知，人们都愿意与一位有修养、有审美能力的人进行交流，不愿意与不修边幅、古里古怪的人进行沟通。甚至有些人认为这些不修边幅的行为，完全是一种既不尊重自己又不尊重别人的行为。事实上，穿衣打扮确实能够反映出一个人的水平。

著名相亲节目《非诚勿扰》，男嘉宾出场后经过 3 分钟的个人介绍便进入相亲环节。在男嘉宾出场之后，还有一个“灭灯”环节。比较仔细的观众能够发现一个问题：如果男嘉宾穿着得体、大方、庄重，通常会得到较多女生的关注；而那些打扮不得体的男嘉宾，就有可能被所有女嘉宾否定而遭到“灭灯”。有一位女嘉宾说：“如果他穿得不够大方、自然，不能够给人留下良好的印象，我为什么还要把‘灯’留给他呢？既然如此，我倒不如期待另一位男嘉宾的出现！”大方得体的着装是沟通的前提，只有给对方留下良好的印象，才能搭建起沟通的桥梁。

如今，商业银行非常重视着装礼仪方面的培训，希望通过培训等方式向所有人传递一种着装精神。因此人们总能够看到银行人的职业着装形象，这个形象通常是：整齐的西服、干净的皮鞋、洁白的衬衣且袖口没有任何灰尘，胸前佩戴职位标志牌。这样的着装形象，就是一位职业银行人的形象。只有拥有这样着装形象的人，才能够树立起商业银行的形象，搭建起具备专业素质水平的沟通平台。

沟通的第二印象：仪表

穿着体现一个人对形象的关注和重视，同样体现对他人的尊重。现实中，绝大多数的人都喜欢与穿着良好的人进行交流，良好的穿着会带来视觉上的良好体验。着装很重要，仪表也是如此。良好的仪表，总能够给他人带来良好的观感。有个成语叫“仪表堂堂”，“仪表堂堂”指的是一个人行为举止自然、大方。

有一家品牌服装门店，该门店有三名女导购员。三名女导购员风格各异，有的化浓妆，有的直接不化妆，有的化淡妆。某一天，一名顾客前来买东西。三名导购员前后出现在顾客面前，希望能够通过自己的导购引导顾客购买商品，从中拿到5%的提成。

化浓妆的导购员来到顾客面前，然后非常热情地向顾客介绍：“我们这里的服装种类很齐全，而且价格比其他商超的都要低。”但是这位顾客看到这位导购员化了浓妆的面孔，便故意闪开，走到了一旁。化浓妆的导购员百思不得其解，只能回到原来的位置。

于是那位没有化妆的女导购员上前为顾客提供导购服务。这位女导购员大概有点不太讲卫生，指甲盖有些脏。顾客看到这一幕后，也躲开了。这位女导购员也有些糊涂，退回到大门结账处。

化浓妆的导购员对不化妆的导购员发牢骚："这个顾客真古怪，难道她不需要导购员吗？她知道买什么东西合适吗？"不化妆的导购员摇摇头说道："总有一些顾客是莫名其妙的。"

然而，这位顾客主动接受了化淡妆的导购员的服务，并问："你能帮我挑一件45岁的女人穿的裙子吗？帮我推荐一下也可以。"这位导购员非常热情，而且导购、解说非常专业，有自己的见解。这位顾客对这位导购员的服务非常满意，并且选择了一件3280元的裙子。

三名导购员都能够提供同样的服务，这位顾客为什么还要"挑三拣四"呢？这位顾客说："导购员的仪表很重要。我觉得化浓妆的人不太适合导购这个行业，她总会令人浮想联翩；对于那位不化妆的导购员，我觉得导购员至少也应该让自己的仪表得体，这是对顾客的一种尊重。"事实上，干净、整洁的仪表确实更能给顾客带来愉悦的心情。笔者记得在某一家商业银行，有一位客户投诉一名窗口服务人员，投诉的理由很奇特，是："你们银行人不重视个人形象吗？我感觉就像进了一家美容院一样！"仔细琢磨一下会发现，良好的服务和沟通，少不了良好的仪表带来的"印象加分"。如果人们能够稍微注意一下自己的仪表，可能就不会被客户投诉。

如何才能让自己的仪表得体、自然呢？通常来讲，需要做到"三美"。所谓"三美"，就是体貌美、发型美、肌肤美。体貌，主要指人的面部轮廓，而体貌美应该在于整体的干净、整洁。如果皮肤不好，或者肤色偏暗，可以适当化淡妆，从而达到体貌上的整体之美。发型，同样是一个非常重要的方面，就像学校老师要求学生不得染发、不得留奇怪的发型那样，发型能够对一个人的职业做出诠释。银行职员应该以符合个人气质的保守发型为佳，既能体现发型美，又能彰显银行的形象。肌肤美，特指肌肤的干净程度。如果一个人的脸上有污渍等，就会给对方带来极其不好的印象。人们都喜欢与讲卫生的人打交道，不喜欢与蓬头垢面的人进行交流。所谓“三美”，是一个人整体形象的“三元素”，且“三元素”要同时具备才可以。

英国哲学家洛克认为：礼仪是在人的一切别种美德之上加上一层藻饰，使它们对他具有效用，去为他获得一切和他接近的人的尊重与好感。仪表同样是这种美德上的藻饰，重视仪表的人才具备获得别人的尊重与好感的条件。对于商业银行的从业者而言，仪表就等同于职业形象。

沟通的第三印象：肢体动作

沟通的方式有很多种，有语言沟通、表情沟通、肢体沟通。肢体，同样是沟通环节中非常重要的一个元素。如果不注重自己的肢体动作，就有可能闹出笑话。

有一位年轻人，他非常聪明，而且非常有前途。他从名牌大学毕业后进入了一家外企，职位、薪水都不错。但是这家外企管理非常严格，对员工的个人形象要求很严。这位年轻人负责技术方面的工作，也常常与外聘技术专家进行沟通、合作。

有一年，一个外聘专家团队来到这家外企谈技术对接业务，这位年轻人负责接待。起初，一切交流都非常顺畅。后来，谈判因为一个细节中断了。这位年轻人或许过于放松了，他弓着腰跷起二郎腿，肢体动作显得非常自由且随意。外聘专家团队的一名成员后来说：“技术合作是非常严肃的事情，我们可不想看到合作方用这样的一种态度去对待它。虽然这仅仅是一个动作，但是这个动作能够客观反映出很多问题！”

合作没有谈成，公司一位总监调出视频监控后，观察了几次才发现谈判中出现的问题。总监找到年轻人谈话：“你觉得与别人谈话的时候，这样做好吗？”此时年轻人才知道自己做错了什么。第二次谈判时，这家外企换了一位技术专员与之对接谈判，十分顺利。

不文雅的肢体动作，只会给对方留下不好的印象。如果一名销售员跟客户沟通，而他以“北京瘫”示人，这位客户会有怎样的反应呢？除了“北京瘫”外，抓耳挠腮、挖鼻孔等不雅的肢体动作，也会给人留下非常不好的印象。换句话说，这些不雅的动作给人一种“既不尊重自己，也不尊重他人”的感觉。

坐有坐相，站有站相。一个人，就是要堂堂正正、大大方方、有棱有角有规矩。尤其对于一名商业银行的从业者来讲，这种规矩必须时刻谨记。比如，一个人要有良好的站姿，不弓腰、不前倾，保持下巴和头部轻微上扬，背部一定要挺直。面部表情要轻松自然，不要挤眉弄眼，更不要流露出鄙夷的神情。

某商业银行的一位大堂经理为了提高自己的服务质量，改善自己的沟通形象，苦练形象礼仪。为此，她还报了培训班。下班之后，她便回到家进行肢体礼仪的练习，比如站姿、坐姿、表情、手上动作等。她认为：之所以这么做，也是因为自己曾经犯过一个小错误。原来，她有强迫症，有时候会不停地握拳。后来一位客户向她提示：“这个细节要注意，毕竟你代表着商业银行的形象。”

按照这位大堂经理的理解，一个人在沟通中应该做好两项关于肢体的工作。第一项工作是，领悟客户的肢体语言。肢体是一种表达载体，客户能够通过肢体语言传达认同、否定、喜悦、悲伤、拒绝、不满、愤怒等意思，作为一名沟通者需要对这些肢体语言进行领悟、确认。第二项工作是，恰当使用自己的肢体语言。第二项工作是对第一项工作的回应。银行人可以借助肢体动作给予客户正确的引导，抑或借助肢体配合自己的语言来形象展示一种处理问题的方法。这位大堂经理能够将肢体和语言相互配合，做到相得益彰，因此也给客户留下了非常好的印象。

通常来讲，肢体动作是伴随说话语言而产生的，并辅助话语将一件事情表述完整，或者精确传达人的情感和想法。众所周知，许多节目主持人、演说家、教师非常重视肢体动作，如果肢体动作表现得不够准确，就会影响主持、演说、讲课的效果。有一位年轻老师在讲课中有挠头的习惯，这个习惯也给他带来了一个绰号“孙悟空”。试想一下，“孙悟空”站在三尺讲台上给学生讲课，会带来一种怎样的效果？这样做一方面不尊重讲台，另一方面不尊重学生。讲课，同样是一种“台上台下”的沟通。

肢体动作在沟通中能够起到非常大的作用。因此，商业银行的从业者一定要重视肢体礼仪的学习，规范自己的肢体动作，给客户留下良好的印象。

沟通的第四印象：谈吐

谈吐，就是说话。如果讲得委婉动听、富有情感，或许就能够达到期待的效果；如果讲得生硬、不自然，甚至还有些乏味难听，就会对沟通产生反作用。

冯梦龙在《喻世明言》中写道：“他两个萍水相逢，年相若，貌相似，谈吐应对之间，彼此敬慕。”两个人通过谈吐达到情感上的认同。谈吐是一种情感的载体，通过谈吐可以让对方感受到你的真情实感。商业银行客户经理面对自己的客户时，同样需要用嘴巴传达商业银行所提供的服务。

讲到“谈吐”二字，就不得不提著名主持人蔡康永。蔡康永认为：你嘴上爱抱怨，你就会成为怨女；你嘴上爱耍贱，你就会成为贱嘴；你老是说粗俗的笑话，你就会成为色眯眯的怪叔叔。言外之意是，你说什么话也就会成为什么样子的人。沟通中，要温润和气，不抢不争。只有做到这一点，才能让自己的谈吐含蓄而内敛，不给人一种攻击之感。有时候，人们形容一些人的措辞非常“野蛮”，这种“野蛮”就体现出一种俗、陋、粗，令人反感。如果一个人讲话时文绉绉的，就会非常悦耳、好听。如果一个人讲话的风格是温和内敛的、富含文学功底的，便会达到“雅”的层面，这便是谈吐的一个境界。

一个人的谈吐体现了他是否懂礼仪。中国人特别重视礼，六艺中排名第一的就是礼。一位年轻人见到一位老人，通常会这样打招呼：“老先生，您好！”这是一种见面礼，它让老人感受到年轻人对自己的尊重和地位上的肯定。如果这位年轻人见到老人这样去打招呼：“唉，老头，你去哪儿？”老人听了之后恐怕会顿生厌恶之情，心想：这个人简直是没大没小，目无尊长，这么不懂礼貌的一个人，人品一定好不到哪里去，要躲着他走！没有礼貌的人，同样交不到朋友；即使交到了朋友，也是一些狐朋狗友。

良好的谈吐，就是“礼”字先行，给对方留下一个好印象。比如，见了客户说：“您好，欢迎您来我行办理业务。”“您好”这两个字，便是礼。客户如果同意办理业务，便要说：“谢谢您的配合，我们将竭诚为您提供更好的服务。”“谢谢”二字也是礼，是对客户的回应。如果一不小心做错了事，就要马上对客户说：“对不起！”“对不起”三个字同样是对礼的一种诠释。礼是怎么体现的呢？礼是借助语言传递给对方的，并让对方形成一种印象。

打造良好谈吐所需的技巧有许多，比如轻松、幽默、诙谐、委婉、庄严、赞美、表扬等。在一次沟通中，可能要求一种或者多种技巧，你可以根据不同的情况进行选择。某客户经理回访老客户时，因为与老客户彼此熟悉，且关系不错，便可以用一种朋友式的轻松口吻去传递想法，如客户经理对老客户说："老哥，您认可上一次的收益结果吗？是继续跟进增持还是重新调整一下方案呢？"这是一种直言不讳且轻松的口吻。如果面对一位新客户，谈吐语气上就应略显谨慎和保守，比如客户经理对新客户说："您好，您能够简单说一下您的理财需求和收益目标吗？我可以根据您的想法推荐我们的产品！"这是一种保守的、正式的、谨慎的沟通口吻，这种谈吐方式是标准的、专业的、体现商业银行形象的。另外，银行人还要学会赞美客户，让他们产生愉悦感，也就能打动他们，让他们按照既定的沟通目标走去。

一位注重谈吐的人还会注重自己的音色、节奏等。俗话说："有理不在声高。"提高嗓门，似乎有"压人"的气势，绝大多数的人不喜欢与大嗓门的人在一起聊天。一个人讲话的语速不要太快，太快会让人听不清楚；一个人讲话的语速也不要太慢，太慢会让人失去耐心。语速适中、声调适中、音色干净，才是好的。

谈吐是一种艺术，更是一种技艺。重视谈吐的目的就是让沟通有效，让沟通更加轻松、顺畅。有人说："良好的谈吐能使他人愉悦，给他人以美的享受。"

沟通的第五印象：眼神

有一个很有韵味的词——眉目传情。眉宇之间便可以引起如此玄妙的化学作用，是非常有趣的。一名女孩看上了一名男孩，便对他使眼色，通过眼色告诉他："我对你有意！"如果男孩能够有效捕捉到这样的眼神，就有可能做出积极回应。眉目传情，其实就是一种眼神交流。

眼睛是心灵的窗户。透过一个人的眼睛，人们可以看到他的心理变化。忧伤的眼神可以传递出忧伤，犹豫不决的眼神可以传递出犹豫不决，高兴的眼神便体现出高兴，而欺骗的眼神、不屑的眼神也能够出卖一个人。世界上流行着一种“读心术”，这种“读心术”就是通过眼神的变化去识别一个人。这种方式屡试不爽，且效果奇佳。例如，有一位企业领导特别喜欢这种方式，每一次与员工对话时，他都会盯着员工的眼睛。如果员工的眼神中透露出紧张、害怕的情绪，他就会适当改变沟通的方式，营造出相对轻松的沟通环境；如果员工眼神中透露出坚毅的、肯定的情绪，他便按照自己现有的沟通方式继续；如果员工眼神中流露出怀疑、不解之情，他便加以解释、强调，并改变沟通策略。这位领导通过读眼神的方式控制沟通环节，并能将存在的管理问题一一解决。因此，这种方法也被普遍利用到沟通环节里。

有一本心理学方面的书曾写道：“如果两个人交谈了30分钟，倘若一方盯着另一方的时间不到10分钟，就意味着一方没有把另一方‘放在眼里’，双方眼神交流达到15分钟的，才是有效交流。”

有一位叫汉斯的年轻人，他是一名保险推销员。有一天，他要去拜访一位大客户，这位客户是当地一家汽车租赁公司的老板。汉斯心里明白，如果能够做好这位大客户的维护工作，他也将收获一笔不菲的佣金。

他来到客户的公司，然后坐下来与客户进行关于未来合作的谈判。或许是这位客户气场太足，而汉斯的勇气又不够，在交谈过程中，汉斯的眼神一直有些游离。这位客户觉得汉斯有点心不在焉，于是打断了汉斯，说道：“汉斯先生，如果你今天不太舒服，或者准备不足，我们可以改天再聊！”

客户的这句话让汉斯有些猝不及防。汉斯连忙解释：“先生，其实我已经准备好了。如果您有时间听，我希望能够给您讲完。”或许因为太紧张了，汉斯露出了紧张、害怕、自卑的眼神，这种眼神让这位客户感到不安。这位客户最终还是拒绝了他。

回到家里，汉斯陷入迷茫中。但是很快，他便清醒过来了。他开始思考，如何在那位客户面前展示自己的才能，并控制住场面。一个月之后，汉斯觉得自己已经准备好了，他鼓起勇气带着方案再次来到那位客户的公司。

那位客户其实是一位非常和善的人，他再次给予了汉斯机会。这一次，汉斯非常自信，他流露出自信的眼神，并能够与客户进行眼神交流。他拿出方案，非常自信地介绍方案、呈现方案，并根据客户的眼神变化，自由掌控着沟通的节奏。经过一个半小时的沟通，这位客户认可了汉斯的方案，并在合作协议书上签了字。

这样的沟通故事，每天都会发生。商业银行的从业者更是离不开这样的沟通。比如一位银行柜员，每天接待数以百计的客户，虽然相互之间的交流时间很短，但是眼神交流是必然的。给客户自信的、诚恳的、真挚的、热情的眼神，是沟通的基础。如果给出的眼神是不自信、不诚恳、不真挚、不热情的眼神，恐怕客户就会选择其他柜员甚至直接投诉。另外，柜员还要根据客户的眼神及时调整交流的方式，比如语气轻一点、态度和蔼一点。

眼睛就是一张嘴，能够传递出一个人的想法。在用语言无法表达或者沟通一方有意进行隐瞒的情况下，可以通过观察眼神的变化随时调整沟通的方法和策略。另外，作为一个沟通者，商业银行员工也要把自己的诚恳、真挚、热情的眼神传递给客户，让客户放心。

沟通的第六印象：微笑

有人说，世界上最好的礼物是微笑。微笑，如同一朵花，它盛开时，便改变一个人的人生。对自己笑，使自己变得自信；对他人笑，使他人变得愉悦。微笑，是一种乐观积极的人生态度的表现；微笑，还是一种武器，这种武器可以化解尴尬、烦恼、痛苦和不满。

有一位有钱人，他整日板着脸，就像别人欠了他钱似的。这个人属于那种“物质富裕、精神赤贫”的人。他没有快乐，即使赚了一大笔钱也不开心。为了寻找开心，他可谓煞费苦心。

他请来一位禅师，问禅师：“禅师啊，虽然我有很多钱，但是我一直都不开心。我怎么才能开心啊？”

禅师说：“您一定是一位非常想不开又怕失去的人。我建议您‘日行一善’，救济穷人，慢慢您就会开心了。”

有钱人按照禅师的说法，从库房里拿出许多银子，然后沿街救济穷人。穷人拿到银子后，非常开心，他们向有钱人表达感谢：“谢谢您的大恩大德，我永远忘不了您！”

听到这样的话，有钱人虽然有些欣慰，但是还是高兴不起来。有人劝有钱人：“施舍是不会让人开心的，你还是回家睡觉吧。”有钱人偏不信邪，又拿出一袋银子沿街发放。一袋接着一袋，他反而更加痛苦，仿佛进入了一个死循环。

几日之后，有钱人再次问禅师：“您让我‘日行一善’，我做到了，我甚至‘日行多善’，为何我还是不开心呢？”

禅师说：“开心事其实无大小，主要是你对开心这件事看得太重。你要学会放下开心的执念，顺其自然。只有这样，你才会真正感到开心。”

有钱人依旧不得要领，非常烦恼。他来到一条河边，看到一位小女孩在向河里放着什么，便好奇问道：“小朋友，你在做什么？”小女孩笑着说：“我在放生啊，想到它们回到了自己的家乡，我就非常开心。”小女孩天真无邪的笑容瞬间感染并打动了有钱人。原来微笑这样简单，却这样有感染力。有钱人与小女孩一起放生，并从她身上感受到了童趣。等他回到家时，他的脸上依旧挂着轻松惬意的笑容。

有钱人终于找到了开心，而让他开心的并不是“日行一善”，而是一个人对他的微笑，这种微笑是没有修饰、淳朴自然、发于内心的。大作家雨果表示：有一种东西，比我们的面貌更像我们，那便是我们的表情；还有一种东西，比表情更像我们，那便是我们的微笑。微笑是一种语言，它同样可以在沟通中起到至关重要的作用。

在某商业银行，客户因为柜员的业务办理速度太慢而与柜员发生了争执。客户发着牢骚：“就这么一个简单的业务，20 分钟都没有办完。你知道你耽误了我接儿子放学吗？如果我儿子出了什么事，你能负责吗？”

其实，任何一位柜员都不可能故意放慢工作速度，只不过有时候存在一些意外情况。柜员非常无奈，只能向客户解释：“这位女士，不是我们的问题，是今天网络系统出了问题。请您谅解，或者请您换一家银行去办理业务。”

柜员的话彻底把客户的怒火“点着”了，客户向银行投诉柜员，说柜员服务态度恶劣，损害银行形象。后来，一位银行副行长出来协调处理，副行长一直保持微笑，他说：“您别生气，这里面可能有什么误会，但是我们银行一定会给您一个好的解释。”

沟通过程中，这位客户虽然还有火气，但是在银行副行长的微笑感染下，已经发不出来了。后来，商业银行赠送给客户一个小饰品作为礼品致歉，客户终于不再计较了。这位客户后来给了这位银行副行长好评，她说：“看到他一直保持微笑，我也就不会继续生气了。”由此可见，微笑有“灭火”的作用。

后来，这家商业银行加强了“微笑服务”的推广力度和宣传力度，力求微笑可以出现在每一个角落。凭借“微笑服务”，这家商业银行网点成为所在城市十佳银行服务网点之一。

有一位哲人说："只有用微笑说话的人，才能担当重任。"微笑是一种力量，是一种担当，是一种能够消除对方防备冷漠的东西。如果人们拥有了它，掌握了它，就会令自己喜悦，也会令他人开心。有一位著名的营销大师谈及自己的成功秘诀时，说："我的秘诀是，我拥有一张微笑的脸。"正因为这张微笑的脸，许多客户拒绝不了他，选择购买他的产品。

沟通的第七印象：距离

俗话说："距离产生美。"适当的距离，便给对方留下了空间。有人说："住在同一个屋檐下，非要产生矛盾和摩擦不可。"为什么会这样？仔细分析一下，住在一个房子里，两个人的生活习惯、作息规律皆不相同，想要折中取一个中心点，是多么不容易。因此，两个人会因为一些生活问题而产生摩擦，引发摩擦的可能都是一些鸡毛蒜皮的小事。

有两名年轻人，一名叫汤米，另一名叫哈利。两个人在同一家公司上班，后来又被分到同一个寝室。汤米是一名爱读书的人，喜欢安静。哈利则完全不同，他喜欢摇滚音乐，经常会唱上几嗓子。兴趣爱好的不同、生活方式的不同，让他们产生了摩擦。

有一次，汤米正在看书，看得津津有味、如醉如痴。此时，哈利进屋了。哈利打开点唱机，跟着节奏唱起了歌。汤米非常生气，他合上书用一种命令的口吻对哈利说："哈利，你能不能声音小点或者戴上耳机，空间不是你一个人的，而我需要安静！"哈利向汤米做了一个鬼脸，然后戴上耳机听自己的音乐。

有一句话叫忍无可忍，无须再忍。经常戴耳机听音乐的哈利觉得不爽，他心想：为什么妥协的人总是我？于是他对汤米说："汤米，要不然这样吧。你二四六，我一三五。二四六你看书，我戴耳机听音乐；一三五我不戴耳机听音乐，你可以选择做别的事情，这样公平一些。”汤米只能点点头。

时间一天一天过去了，两个人的生活习惯依旧没有融合到一起。换句话说，他们在一个屋檐下各做各的，这是一件很“危险”的事。率先忍不住的是汤米，他宁可花钱租住单身公寓，也要离开这个地方。后来，两个人各自搬了出来，各住各的。

故事中的汤米和哈利，因为“空间”的问题而产生了摩擦，后来只能分道扬镳。也就是说，人们要给对方留出物理上的“空间”，才能保持这种人格上、性格上的独立。这也就是笔者讲的其中一个方面：保持物理上的距离的重要性。物理上的距离，就是人们与沟通的对方保持适当的距离，比如一米或者半个到一个身位。在这样的距离之下，人们与对方才能身体得到独立，情绪、情感得到释放。如果距离太远，沟通将会受到听力、视觉等方面的影响；如果距离太近，甚至肌肤有了碰触，便可能会产生一种不好的感觉。

除了物理上的距离，还有一种情感上的距离，这种距离就是人与人之间的关系。有一对正在尝试谈恋爱的男女，他们的情侣关系并未确立下来，或者说他们还仅仅是普通朋友关系，因此超越朋友关系的“雷池”便不敢踏入。此时，男方有些着急，便对女方提议：“我觉得你很不错，性格好，人也善良，做我女朋友吧！”但是女方并未做好这方面的思想准备，便拒绝了男方。男方屡次向女方提及此事，后来女方非常生气，便警告男方：“如果你再这样纠缠下去，我们连普通朋友也做不成了！”这个例子表明，人与人之间的距离是非常重要的。

在一个组织里，人与人之间的关系似乎是错综复杂的。领导与员工之间是上下级关系，员工与员工之间是同事关系，企业与客户之间是生意合作关系。在这些错综复杂的关系中，也会掺杂着朋友关系、兄弟关系、闺蜜关系等，但是这些关系有一条明显的分界线。比如，一个人与自己的客户既是生意往来关系，又是朋友关系，这种复合型关系就需要在工作和生活中进行交割划分。也就是说，生意是生意，朋友是朋友。也有人问："为什么生意往来时不能谈朋友呢？"不是不能谈，而是要客观公正地对待每一件事，把每一件事进行"公私分离"。公事是公事，私事是私事。

现实工作中，人们常常会遇到这样的事情。某客户来银行办理业务，而银行里的某位工作人员恰恰与这位客户有朋友或亲戚关系，在办理业务方面或许会适当"照顾"一下。不管如何，如果是一种稳定的、确认的关系，可以在关系距离上有所调整；如果这种关系是不确定的，抑或不存在的，就需要保持原有的距离，在"距离之外"和"距离之内"取一个点。沟通离不开距离，而这个距离关乎沟通的最终结果。

第六章

沟通说话那些事儿

沟通说话第一招：简明扼要

有人喜欢化繁为简，有些人则喜欢化简从繁。人类表达语言的方法，是非常多变的。不管是化繁为简还是化简从繁，可能都有自己的“用武之地”。沟通说话时，应该侧重于化繁为简式的表达方法，也就是说要旗帜鲜明、简明扼要。

现实中，有些人喜欢尽善尽美的表达方式。有人说：“如果我们没有把话讲明白，恐怕会造成误会。”果真是这样吗？某商业银行客户经理与某位大客户谈判沟通，这位客户经理非常认真，特别重视这笔业务。于是，他准备得非常充分，就像准备了一次“十分钟演讲”。与客户进行简单的握手、交流之后，这位客户经理便开始了自己的“演讲”表演。他简直就像老师讲课那么认真，逻辑缜密，甚至句句押韵对仗。但是“演讲”进行到一半时，客户经理就被喊了停。这位大客户说：“经理，我的时间很有限，没有时间让你面面俱到解释清楚，而且有些专业术语我也听不懂。你就挑重点说，好吗？”这给客户经理提了一个醒，客户的时间很有限，他只需要重点。

沟通不是聊天，也不是“侃大山”，需要直奔主题。也就是说，客户找你要的是产品和服务的“核心部件”，而不是一些“附属产品”。比如一个人的车坏了，需要修车。他把车开进4S（整车销售、零配件、售后服务、信息反馈）店，寻求修车的具体办法。因此，如果需要更换零件，修车师傅只需要说明汽车某个部件要更换即可，其他的事情都不用管。如果车胎漏气，补胎或者更换轮胎即可。哪里出了问题，就说解决这个问题的办法。

有一位姓王的人，他最近头疼失眠，而且总觉得浑身发热。他忍了几天，最后还是忍不下去了，便去一家医院求诊。给他看病的大夫姓刘，五十多岁，看上去很有经验。

刘大夫先是对他做了一番检查，然后问："头疼失眠几天了？"

"一个星期了，最近一直出虚汗。"

"张开嘴，我看一下。"刘大夫检查了一下，发现此人舌苔发白，湿气较重，于是简明扼要地说："问题不大，就是上火了，湿气比较重，我给你开个处方，每天按照处方去吃，两周以后再来复查。"

姓王的人拿着处方开了药，然后就回家了。回家之后，他便按照处方服药，连服14天，效果虽有，但是不明显。于是他再次来到医院，这一次接诊的是一位女大夫。

女大夫仍旧照例检查了一遍，然后打开了话匣子，向这位患者讲述中医如何玄妙，讲得他云里雾里。后来，姓王的人终于忍不住了，便问："大夫，我吃什么药啊？"

女大夫说："哦，我忘了。你继续按照原来的处方吃吧，再吃一个疗程（两周），吃完了再回来检查。"

姓王的人摇着头走出医院，一边走一边嘟囔："这个大夫兜这么大一个圈子干什么？直接说再吃两个礼拜不就结了？况且她说的那些话，我根本就听不懂。"

故事中的这位患者说出了广大群众的心声。沟通不需要长篇大论，点到为止即可。车胎坏了，就说车胎坏了，不要解释驾驶技术的问题，这样会令人反感。商业银行客户经理与客户沟通，也要挑重点去解释。客户想要某个产品，只介绍该产品不介绍其他；客户有意见反馈，就说解决问题的办法。客户的时间是宝贵的，你的时间同样很宝贵。

有一位消费者认为：一个人想要买东西或者做出决策，30 秒就够了。如果一个人讲得太多，反而动摇了自己买东西的念头。言外之意是，一个人只接受对自己有用的部分，而那些无用的部分只能起到“画蛇添足”的作用。管理大师米罗·弗兰克认为：与对方沟通的时间无论长短，表达重点的时间必须控制在 30 秒以内。而 30 秒之外的语言都是铺垫，别无用处。在 30 秒内呈现核心极为关键，有两个重要原因：其一，旗帜鲜明、简明扼要的表述可以为对方节省时间；其二，对方的关注有时间限制，通常只有 30 秒。因此，化繁为简的描述法是沟通说话的一大妙招。

如今，人人都在快节奏地生活。因此，商业银行的从业者也要本着“30 秒原则”简明扼要地说明核心关键。只有让客户快速明确了沟通要害，沟通才能顺利进行。

沟通说话第二招：深入浅出

古人有一个思想：大道至简。越是大道理，越简单至极。过去人们总觉得复杂的东西才有大价值，而简单东西的价值有限。如今，许多人总喜欢讲得很深奥，故意给人一种非常高深、玄妙的感觉。事实上，这种做法并不利于沟通。沟通就是一方讲而另一方听，讲话的人故作高深其实非常累，听话的人更是云里雾里。因此，复杂问题简单说，才能达到沟通的目的。

有一位银行家，他经常去各地讲课，并与许多银行人有直接的交流和沟通。圈内许多人把这位银行家当作权威，并希望得到他的指导和肯定。有一年，这位银行家出现在欧洲某国的一家银行，与一群年轻人进行交流。

许多年轻人将事先准备好的问题拿了出来，然后向银行家提问。银行家非常简明扼要地解答他们的问题，并与他们交流。有一位年轻人这么评价银行家："他的语言非常干练直接。我原本以为他会讲一些非常高深的话。听过之后才发现，他的语言与我们的语言是一样的。"

语言与语言是一样的，是一个怎样的情景呢？在这里不得不提到沟通谈话的"纬度"。如果"纬度"相同，沟通就不会存在障碍；如果"纬度"不相同，沟通就会出现问题。有一位秀才迷路了，向一位正在农田里干活的农夫问路。这位秀才非常有才，就连问路也是出口成章。农夫听了之后直摇头，对秀才说："你说的话我根本听不懂。我也不知道你说的那个地方在哪里，你去找其他人打听一下吧。"这就是"纬度"不同带来的沟通障碍。正因如此，这位银行家选择使用一种简单、直接的语言去表达，努力与交流者达成一种默契。这种默契，就能促使沟通顺利进行。

还有一个沟通的方法：观人，等三分，留三分；说话，巧三分，想三分。这是什么意思呢？观人，即观察人。观人等三分就是观察对方的时候，一定不要操之过急，更不要先入为主，所谓"等"，就是给自己一点思考、判断的时间。观人留三分就是对他人的认识、看法有所保留，一个人如果"和盘托出"而发现自己看错了人，就会非常尴尬。说话巧三分的重点在于巧，也就是有巧劲儿、灵巧之意。说话聪明一点，巧一点，就能够让对方听得明白，听得高兴。说话想三分，就是"三思而后言"，对想要表达的进行加工、提炼，复杂问题简单化，抽象语言具体化。众所周知，如果语言过于抽象过于复杂，就无法被人听懂。因此，人们可以参照“观人，等三分，留三分；说话，巧三分，想三分”的方法去沟通。

另外，故作高深也会给人一种虚伪的印象。某公司为了建立学习型、创新型企业文化，提升企业的管理水平，高薪聘请了一位管理专家来为公司员工进行培训。这位管理专家名头很响，挂着许多头衔，讲课的方式非常“玄乎”。许多人听完了他的课，竟然头疼不已。有一名员工说：“这位老师讲的知识太过‘高深’了，我们完全摸不着头脑，更别说进行使用了。”而另一名员工的评价也是如此：这位专家讲得这么深，完全没有考虑员工的接受能力，大家就算继续学下去，恐怕也不会有什么效果。事实上，这种故作高深的交流早已经是普遍现象。这些人这么做的目的只有一个：故意让他人听不懂，防止“露馅”，抑或故意拔高自己显示才能。

有人问：“深入能浅出吗？这不是自相矛盾吗？”深入与浅出看似矛盾，实则是一个和谐的、统一的整体。如果人们把深入的部分看作“事”，那么浅出的部分就是解决“事”的方法。任何一种方法都是简单的、直接的，拿起来就能用。深入，就是深入事情的本质，弄清事情的发生源头，从而得到一个解决方法。浅出，就是将这个方法用简单、直白的语言呈现出来。试想一下：如果事情是复杂的，方法是复杂的，语言的呈现也是复杂的，三个复杂的东西叠加在一起，就很“玄乎”。这种“玄乎”恐怕不被人理解，更无法被人消化和吸纳。

现实中，关于深入浅出的总结归纳法有很多，可以借鉴使用。只有做到深入浅出，才能让沟通有效。

沟通说话第三招：条理清晰

身在职场，人人都需要拥有好口才。为什么这样讲呢？工作中，一个人离不开各种交际、沟通，有沟通就需要开口讲话。众所周知，说得好、说得巧、能说会道的人大多能够旗开得胜。还有人说："说话利索的人，总能够把话讲明白。"如果连话都说不明白，恐怕就很难达到沟通效果了。

当然，好口才并非天生的，大多数是后天努力所得的。

有一位著名的节目主持人，他童年时期口齿不清，尤其是紧张的时候，吐字更加不连贯。因为他有些口吃，许多小伙伴都瞧不起他，耻笑他："你连话都说不明白，以后肯定是一个没用的人。"

幼小心灵受到了打击，他便发誓，不管付出多么大的代价都要改掉自己口吃的毛病。为此，他的母亲找了许多大夫，但是大夫说："口吃没有良药，只能刻苦训练！"一名心理医生说："口吃是一种心理疾病，只要能够克服紧张和自卑，逐渐恢复自信，口吃的毛病也就被治愈了。"

于是，他天天对着镜子练习说话，甚至每天去海边喊话。每当他练习或者与人交流时，他都给自己一个心理暗示：我一定行，一定能改掉这个毛病。一天一天过去了，他口吃的症状也一天一天得到了缓解。五年之后，他完全克服了自己的缺陷，而且拥有了好口才。

有人说："说话结巴与说话有条理没有任何关系啊。"可是，如果一个人讲话失去了语言的连贯性，那条理还能够清晰吗？在笔者看来，口齿伶俐是讲话条理清晰的重要前提，也是整个沟通的基础。

除了口齿不清之外，还有三个因素可能导致讲话条理不清晰。这三个因素分别是：没有准备、急于表达、沟通偏离主题。

没有准备，就像写小说不写大纲。对于那些业余选手来说，不写提纲的写作容易失去控制。另外，没有提纲的写作，常常也会让人半途而废。沟通讲话也是如此。有一位银行客户经理拜访客户时，客户提到了一个“专业问题”，而这个“专业问题”难住了他。在此等情况下，这位客户经理便开始紧张起来，甚至有些语无伦次。

急于表达就是没有顾及对方的感受，先入为主。有一名保险推销员向某一位客户推销保险，而这位客户此时态度比较“暧昧”，处于一种观望的状态。但是这位保险推销员错误地理解了客户释放的信息，而坚持产品推销，甚至带着一种强迫的味道。由于双方观点上的不一致，这种沟通最终陷入了僵局。

沟通偏离主题的表现有很多，比如沟通跑题，把握力度不够。有位企业家认为：许多人自认为讲话非常流利，且十分肯定；但是其实始终说不到点子上去。如果沟通偏离了主题，沟通就失效了。有一些人为了克服这个毛病，直接采取“开门见山式”的沟通方法。当然，这是其中的一种方法。

想要解决说话条理不清晰的问题，可以按照“对症下药”法逐一解决。

首先，要做好沟通前的准备工作。比如准备好沟通用的方案、工具、问题等，做足功课。俗话说：“不打无准备之仗。”古人言：“工欲善其事，必先利其器。”做好准备工作很有必要，准备得越充分，沟通的有效性也就越强。

其次，不要急于表达，而应该给表达提供一个“缓冲时间”。在这个“缓冲时间”里，人们应该冷静下来，用自己的理智去思考，并重新组织编排需要表达的意见和想法，也就是“三思而后言”。“三思而后言”还有一个好处，就是人们可以提前在脑子里构思有逻辑性的发言稿。

最后，讲话要时刻围绕着核心主题。如果担心自己忘了或者跑题，可以借助纸条或者某个工具来提醒自己。某商业银行的一位副行长提供了一个方法，就是写小纸条。他将需要谈判的重点写在小纸条上，沟通中每隔几分钟就看一眼小纸条。后来，这个方法在该银行内部得到了推广，并达到了不错的效果。

除此以外，有些朋友不太重视倾听。如果人们听不清客户的意见和想法，也就无法掌握他们的需求。倾听是一件沟通武器，倾听还是获取客户需求的重要方式。

让讲话有条理的方法还有很多，但是最终都指向了一点：总结。如果一个人养成了爱总结的好习惯，总结过程中总能够呈现出一二三四，并逐渐形成一种条理性思维，讲话时自然就会条理清晰，重点突出了。

沟通说话第四招：逻辑缜密

对于一个人而言，说话需要条理清晰、抓住重点，否则沟通就会失效。除此以外，说话还要符合逻辑。逻辑是有前后关联的，并且是符合客观规律、顺理成章的。例如，正确的逻辑是：猫是一种猫科动物。而错误的逻辑有可能是：猫科动物是一种猫。逻辑出错了，语义也就变了。

在这里还需要补充一点，许多人认为条理清晰就是逻辑缜密，事实上条理清晰未必等同于逻辑缜密。条理清晰的语言，可以只有1234的划分，如果每一个“条目”之间的关系发生了改变，整个逻辑也就变了。比如，根据1得出2，根据2得出3，根据3得出4，1234便是按照逻辑排列的；如果排出的顺序是4312，那么逻辑就乱套了。通常来讲，逻辑乱了，条理也就不清晰了。

德国哲学家黑格尔在《逻辑学》中表示：逻辑的对象即思维，或者更确切地说，概念的思维，基本上是在逻辑之内来研究的；思维的概念是在逻辑发展过程中自己产生的，因而不能在事前提出。现实中，有一些人非常爱说话，但是人们听不懂他们说的是什么。有人说：“这类人讲话，颠三倒四，毫无逻辑可言。”还有人说：“如果你听不懂某个人讲的话，只有两个原因。其一，话的逻辑有问题；其二，你的个人能力还未达到听得懂的程度。”一般来说，语言逻辑出问题的情况比较多。

古时候，有一个县发生了一起凶杀案，一个男人被杀害了，男人的妻子去衙门报了案，希望县官能够为她做主，严惩杀人凶手。县官对男人的妻子说："你想要为丈夫申冤，就需要写供词，找到凶手杀你丈夫的证据。证据确凿了，案子就能破了。"但是这名女人非常笨，不但嘴巴笨，供词也只能找人代笔。与这名女人相比，凶手非常狡猾，提供了大量不在场的证据。看上去，这起杀人案会不了了之。

这名女人只能可怜兮兮地央求道："县官大人，你一定帮我做主啊。我失去了男人，就如同自己死了一样！"县官听了之后深受触动，便教她如何收集证据，如何去写供词。事实上，县官只是教给她一套符合逻辑的方法。只要能够掌握这套方法，女人就能为自己的亡夫申冤。与此同时，凶手也在努力地洗脱自己的罪名。凶手坚信，这个女人一定赢不了官司。

女人为了防止自己出现逻辑错误，回到家中便反复进行练习。功夫不负有心人，女人终于把所有的证据收集全了，并在县衙上用逻辑缜密的语言状告杀人凶手，并驳斥得杀人凶手无话可说。因此，这起杀人案也就破获了。

逻辑存在问题，还会产生一种现象：矛盾。也就是说，一个有逻辑问题的句子，是无法自圆其说的，它总有矛盾对立的地方。比如，有人夸奖自己的产品是世界上最完美的产品，只不过有几个小毛病而已。完美的东西怎么会有毛病和缺陷呢？这就经不起推敲了。经不起推敲的东西，也就没有说服力。换句话说，没有说服力，又如何实现沟通的目的呢？

有一位语言学家总结了避免出现语言逻辑错误的方法：以事实为依据，不使用双重否定。

以事实为依据是比较好理解的，就是告诉人们：注重收集证据和意见，而不是依赖自己的主观意识。主观意识的东西并不一定“靠谱”，甚至可能过于“自我”，让人以个人的价值观、审美去衡量一个事物。有人非常喜欢牡丹花，便向朋友推荐：“牡丹花是最富贵的花，赏牡丹就能沾染一些贵气！”有些人认可这句话，也有一些人并不认同：“牡丹花也是花，花还分尊卑？”如果这个爱牡丹的人注重收集相关信息，了解朋友的喜好，就不会说出这番话。

不使用双重否定，并不是因为双重否定有问题，而是因为它容易被错误运用。虽然双重否定是一种肯定，但是不如直接给出一个肯定的说法。比如，有人对客户说：“我没有被授权啊，不得不这么做。”这就是使用双重否定的效果。但是人们听着别扭吗？必然有别扭的地方。为了让逻辑更加缜密，语言表达更加简炼，倒不如这样说：“我没有被授权啊，只能这么做。”如果不小心用错了双重否定，这句话就变成了这样：“我没有被授权啊，不得不不这么做！”错误地使用双重否定，便成了否定。

逻辑缜密的语言沟通，不仅使对方无法反驳和质疑，而且会令对方增加好感和信任度，继而促进合作。

沟通说话第五招：含蓄委婉

过去，老人们常常劝自己的孩子：“说的话就像泼出去的水，沉默是金。”对于一个需要工作、生活的个体而言，沉默并不是金，恐怕连银都不算。人必须要说话、交流。如果一个人失去了这种沟通的能力，之于集体中的个体的意义也就消失了。人不能不说话，人不能多说话，人不能瞎说话，人需要说有价值的话、有涵养的话。想让说话变得有意义，就需要思考。有人说：“说话语言就是一根金箍棒，可短可长，要根据对方的喜好说话。”如果客户不喜欢听“硬话”，商业银行从业者就需要把语言打磨得委婉一点、动听一点。

南方某商业银行有一位叫黄旭的大堂经理，她说话特别委婉动听，被客户称为“黄鹂鸟”。

有一年，有一位喝醉酒的男性客户来银行办理业务。因为办理业务的人非常多，需要排队，这位男性客户失去了耐心，便借着酒劲儿开始发飙。一位大堂服务人员不停地对其说着好话：“先生，请您再耐心等等，很快就到您了！”

这位男性客户依旧骂骂咧咧：“你算老几？你把行长叫来，我想当面问问他，有没有把我这位客户当成上帝？上帝等了 40 分钟了，还没轮到上帝！”

此时，黄旭看到了这一幕，便过来协调此事。黄旭对这位男性客户说：“先生，我知道您可能很着急。不光您着急，我也着急，在座的大爷大妈们也着急啊。您是上帝，他们也是上帝。”

此时，喝醉酒的男性客户质问黄旭：“我不跟你争执这个话题，你就说吧，什么时候轮到我办业务？”

黄旭看了看男性客户手里的号，发现男性客户前面还有五个人排队。正常情况下，十分钟之内就会轮到他。黄旭便对男性客户说：“很快就轮到您了。您稍微等一下，我给您倒杯水。”于是，黄旭给这位客户倒了一杯水，然后对他说：“感谢您支持我们的工作。如果没有您的支持，我们银行的‘服务之星’有可能就会被摘掉了。”男性客户喝了一杯水之后，情绪缓和了很多。此时，也轮到了男性客户办理业务。

黄旭经理认为：其实绝大多数的客户是“吃软不吃硬”的，只要你真诚一点，委婉一点，他们就会配合你的工作。如果你对他们态度强硬，他们会比你还要强硬。火星撞地球，业务也就办不成了。黄旭这只“黄鹂鸟”，凭借出色的沟通能力和扎实勤恳的工作作风，连续三年被评选为“先进工作者”。

说话委婉，主要体现在“委婉”二字上。什么是委婉呢？委婉就是采取一种烘托引导的方法，将一个不太容易被接受的事实表达出来，且不会引起对方强烈的情绪上的变化。某人因病去世了，其家人通知在外地工作的孩子回来奔丧，通常会这样表达：“老人的情况不太好，你做好心理准备，回家看一看吧。”事实上，当人们听到这句话时，心便会咯噔一下：人肯定已经没了。委婉的表达，不仅能够让对方接受这一个事实，而且能够让对方保持一个相对冷静、舒缓的状态。如果某人因病去世了，其家人通知在外地工作的孩子回来奔丧，这样表达：“老人死了，你赶紧放下工作，回来奔丧吧。”不可否认，这是一种开门见山式的言说方式，但会给人一种冷血的、漠然的感觉。说话含蓄委婉，自然有其好处。那么人们如何才能把话说得委婉好听悦耳呢？

首先，一个人要提升自己的道德情操。俗话说：“做事之前，先做好人。”人之所以比动物高级，就是因为人有道德。有道德的人，才能够说出不伤人的话。因此，一个人只有提高自己的道德修养，才能够关心人、宽慰人，把沟通的一方当成自己的一个部分。有道德的人，才能把话讲得含蓄委婉。

其次，对于敏感的问题，抑或敏感的词，尽量选择回避。例如，有一位老年人得了癌症，而且他自己知道得了癌症活不了多久了。与这位老人沟通聊天过程中，就要尽量回避疾病、痛苦这类敏感词汇。既然对方知道了结果，为何还要雪上加霜呢？

最后，对方说错话的时候，要懂得包容。比如沟通一方说错了话或者做错了事，商业银行从业者既要给对方面子，又要让对方知道自己的错误造成的某种后果。

含蓄委婉的话蕴含着一种“四两拨千斤”的力量。委婉不等于妥协，它只是让话语好听一点，让其他人更加容易接受这种饱含智慧的表达方式。

沟通说话第六招：留有余地

人有一种习惯，就是凡事给自己留一条退路，抑或不把事情做绝。如果不给自己留退路，一旦前方的路途不通，便没有退路可言。有人说："给自己留退路是一种聪明的做法，买卖不成仁义在。"不把事情做绝也有这样的目的。现实中，人们常常为了争取自己的利益，而忘了别人的利益。换句话说，给自己留了余地却没有给对方留余地。成功而有效的沟通是需要"让利"的，所谓"让利"就是给对方留余地。

有一位叫王五的人，他开了一家油坊。王五的油坊依旧采取传统冷榨的方法榨取花生油，因此非常有卖点。王五做人非常诚实，从不掺假，在当地小有口碑。后来，有一位从事贸易生意的人看准了王五的油坊，想要入股王五的油坊并成为其中的一名股东。

生意人对王五说："王五啊，我给你一笔钱让你扩大油坊。这笔钱就当我入股 30%，你意下如何？"

事实上，王五一直有扩大规模的想法，只不过他缺少扩大规模的资金。他认为，生意人入股也是一个千载难逢的好机会，但是 30% 的股份有点多，如果控制在 20% 以内就好了。榨油是一个非常辛苦的工作，他并不想把个人的利益让出去。

王五回答生意人："老板，我想扩大规模，但是我不想出让 30% 的股份。如果你能够同意，我只想出让 20%。"

生意人是非常精明的，他表面上同意了王五的提议，实际上却减少了投资总额，王五并没有从中赚到钱。后来，王五发现了此事，非常生气，并要求生意人退股。生意人觉得王五的做法完全是无理取闹，协议上彼此签名认可的事情，为什么还要反悔？如果生意人拿着协议去打官司，王五保准会输。王五觉得自己吃了大亏，对生意人说：“你这个人，人品太坏了！我不会再跟你合作了，你赶紧拿着自己的钱走吧！”

生意人见王五使用威胁的口气，就把协议拿出来：“王老板啊，白纸黑字你赖不过去啊。谁也没有逼着你签协议吧？签了字，双方就要按照这个协议执行。你总觉得自己亏了，实际上你亏了吗？我给你投资，你才能扩大油坊。如果不是我，你还在那个小油坊里卖油呢。”

王五并没有退缩，他坚持自己的意见，让生意人拿着钱走人。生意人非常生气，他找来拆迁队，将其入股用于建厂房的资金通过拆掉厂房的方式进行收回。最后，王五的油坊变成了一片废墟，油坊停产不说，他想要再花钱建一个油坊，也完全没有这个能力了。

事实上，生意人原本打算再跟王五沟通协议，即使让出5%的股份他也可以接受。只不过王五毫不留情，生意人便采取了退股拆迁的方式。

毫不留情的沟通，就不是沟通。沟通不能“一言堂”，沟通需要两个人都说了算。如果其中一方反悔了，或者把事情做绝了，沟通也就结束了。那么留有余地的沟通到底是怎样的一种沟通呢？

首先，不要说大话。如今，许多人喜欢说大话，说大话的目的是给自己壮胆。有一位年轻人对自己的客户说：“我们公司的产品非常棒，都卖到国外去了。所以说，您跟我们公司合作准没错。”年轻人说大话是为了让客户产生更多的信任感，促使他尽快伸出合作之手。事实上，这种做法很愚蠢。客户不傻，他不会相信大话，他会通过自己的判断去评估合作的可能性。一旦大话被戳破，沟通也就结束了。

其次，不要说太绝对的话。有些人非常自信，他们认为：自己说的话是经过深思熟虑的，而且经过了多少次实践的证明。这种“对”也仅仅是相对的“对”，而不是绝对的“对”。如果一个人说得太绝对，或者说得太满，很容易遭到他人的质疑和反感。在沟通中，人们要尽可能地避免这种太绝对的说辞和看法。

最后，不要说太锋利的话。有些人说话，锋芒毕露，似乎有一种“天下第一”的感觉，牛得不得了。事实上，天外有天，人外有人。这种说话的锋芒有可能刺伤自己。也就是说，说话要圆滑一点，做人要低调一点。圆滑是一种智慧，也是一种礼让。沟通圆滑之人，才能够让对方开心。

古人云：“处事须留余地，责善切戒尽言。”做人，不仅要为自己留有退路，更要为对方留有余地。送人玫瑰者，手才留有余香。做一个聪明人，首先要做一个能够留有余地的人。

沟通说话第七招：语气温和

许多人认为，营销就是卖产品，只要产品好，营销技能到位，加之天时、地利、人和，大概就能够把营销问题彻底解决。如果营销是这样一个简单的问题，恐怕问题早已被解决了，商业银行每年都会提出一个新目标，比如开门红目标。这个目标是一个确切的、真实的目标，就像长跑运动员跑步一样，需要一步一步跑。但是想要跑完整个赛程，极其困难。

事实上，营销卖的不是产品，而是人。人有什么特点呢？一位优秀的营销员具备以下素质：人品好、有学识、有耐心、做人低调、会说话等。笔者把会说话放在后面，并不是因为这些素质有主次之分。会说话是非常重要的，甚至是关键中的关键。如果一个人不会说话，或者说的话不好听，就会引起矛盾和争执。某商业银行的一位柜员是个性格非常直爽的人，直爽的人有一个特点，就是心直口快、有啥说啥。有一次，有一位客户办理业务。由于客户的身份证过期了，无法办理业务，这个柜员便说：“你的身份证过期了，办不了业务，你去换身份证吧！”这么一句话把客户惹急了。客户说：“你好好说话不行吗？至于这么大嗓门吗？”因为这么一点事，两个人争执了起来。

说话语气温和，证明这个人是一个非常和蔼客气、极有礼貌的人。语气温和，主要体现在“温”与“和”上面。

所谓“温”，就是一种“温度”。众所周知，人的正常体温约为36.5摄氏度，低于这一温度人就会觉得冷，高于这一温度人就会觉得热。说话也是如此。如果一个人态度友好，说出来的话也是温暖人心的，富有热情的；如果一个人态度冰冷，说出来的话也是令人寒心的。“温度”是“温”的第一层含义，也是最重要的含义。另外，“温”还代表一种“柔”，柔介于软和硬之间。过于“柔”则软，不够“柔”则硬。如果一个人说话太软，便失去了骨气，或者给人以迎合拍马的感觉；如果一个人说话太硬，就会给人一种过于主观、强硬、霸道的印象。不知道谦让为何物的人，又如何用话语打动他人呢？

所谓“和”，就是和气。如果一个人见到谁都和和气气，至少说明此人不会树敌。浙江某银行有一位行长，他见到任何人都是客客气气的。银行员工对这位行长的评价是：从来没有看到过他发脾气的面孔。不发脾气，控制脾气，也就成了“和”的关键。现实中，许多人都有不同类型的脾气，有的脾气大、有的脾气小，发脾气会让一个人“发疯”，失去理智，从而殃及对方。如果人们能够控制自己的脾气，在沟通时做一个安静而理智的人，就能够把沟通的问题解决。“和”，还代表着一种“应和”。古人言：“君子和而不同，小人同而不和。”如果一个人对待自己的上司、客户、朋友都表面上说“是”而背后说“否”，那么他早晚会露馅。“和而不同”则是一种境界，它有可能“是”，也有可能“不是”，这就会上升到思辨的高度，但是“不同”则表明，彼此尊重、彼此保持适当的距离是“和”的体现。

通常来讲，温和的语气有这么几种。第一种，理解的语气。如果一个人拥有了一种同理心，就会变得态度温和。第二种，请教的语气。在沟通前，加上一个“请”字，就会令整个沟通环境彻底发生变化。比如“请您发言”，一个“请”字，既有礼貌在里面，又有态度在里面。比如“请赐教”，一个“请”字就说明了此人拥有良好的道德品质，而且给人一种非常谦虚、低调的印象。第三种，商量的语气。俗话说：“凡事好商量。”似乎除了生死之外，一切都是可以商量着解决的事。如果人们不喜欢商量，而是咬住自己的利益不松口的话，恐怕也就无法继续进行谈判了。只有凡事好商量，才有可能解决共同的问题。第四种，信任的语气。温和代表一种信任，只有相信对方，才能让自己的情绪状态保持稳定。如今，许多合作关系是“白纸黑字”的契约关系，说话和和气气会给自己提高印象分。

说话语气温和是一种有智慧和力量的表现。著名思想家孟德斯鸠说：“谦虚的人，快来，让我拥抱你们！你们使生活温和动人。你们自以为一无所有，可是，我说你们拥有一切。你们想不使任何人感到惭愧，其实，大家面对着你们都感觉惭愧。在我的思想中，把你们和我到处都看见的那些武断的人相比较时，我就把他们打下高坛，让他们伏在你们脚下。”善用温和的语言，不仅能够感化对方，还能够引导对方。

沟通说话第八招：诙谐幽默

幽默是一朵向着严肃盛开的花，它总是能够化严肃为轻松，化干戈为玉帛。什么是幽默呢？幽默就是调侃、有趣。有些人喜欢讲笑话，讲一些高雅的笑话，不仅为人们营造了轻松幽默的沟通环境，而且使人们的心情愉悦。幽默是一支兴奋剂，它能够让沟通的双方兴奋起来。设想一下，如果沟通的气氛很沉重，彼此都放不开手脚，沟通双方处于紧张状态，沟通也就难有有效的进展。

某商业银行正在与一家上市公司进行紧张的业务洽谈，这已经是第三次了，合作方向依旧不明朗。在这样紧张的沟通磋商中，容不得一丝马虎。换句话说，这里并不是幽默的“战场”。当气氛凝重到极点时商业银行的行长说了一句话：“如果这是在上甘岭，我觉得一点也没错。”

银行行长说出这句话后，所有人都乐了。上市公司的财务总监笑着说：“我们确实太紧张、太严肃了。合作本来是一件好事，就像联姻一样，银行是男方，我们是女方。”幽默给紧张的谈判画上了一个“休止符”，而沟通合作也有了新进展。幽默是一剂“破冰”良药，适当的幽默等同于催化剂。

第二天，商业银行与上市公司就达成了合作协议，正式“牵手”。一位参与谈判的工作人员回忆：“如果不是那次‘中场叫停’，恐怕再有三天我们也无法‘牵手’。”由此可见，幽默是一种充满智慧的力量。

幽默还可以处理一些难以解决的事情，因为幽默有反讽、暗示的作用，借助幽默的力量完全可以改变事情的局势。

汉武帝是我国历史上有名的皇帝，汉武帝时期，西汉的繁荣程度达到了顶峰。汉武帝是一位明君，但是这位明君也有一些“稀奇古怪”的想法。比如，汉武帝一直寻求长生不老的方法，他对一位大臣说：“据说，人的鼻子下面的人中越长，他的寿命也就越长。人中长一寸，就能多活100岁。”

此事被东方朔听到了，他露出一种滑稽的表情。汉武帝觉得东方朔肯定有话想说，便问东方朔：“你这个老匹夫，你是不是在讥笑朕？难道你就不怕朕治你的罪吗？”

东方朔笑着说：“皇上，我哪敢呢？我是在笑彭祖的脸肯定丑得不像样了！”

汉武帝问：“为何这么说？”

东方朔解释道：“彭祖他老人家活了800岁，也就是说，他的人中有八寸长。既然如此，他的脸一定比驴脸还要长。他老人家肯定觉得自己丑，丑到大门都不敢出……”

汉武帝听了之后便哈哈大笑：“你啊，你！”

众所周知，汉武帝是一个说一不二、控制欲极强的人。如果这一问题没有令他信服的答案，他一定会继续纠结下去。聪明的东方朔用自己的幽默治好了汉武帝的心病，也为国家解决了一件大事。

除此以外，幽默是一种胸怀宽广的体现。某商业银行客户经理遇到了一位难缠的客户，这位客户嘴巴不干净，甚至用语言攻击客户经理和银行的形象。在这种情况下，这位客户经理对客户说：“您是上帝，我只是您的‘仆人’呀，所以您说得对。作为您的‘仆人’，我一定会把您的话放在心里，想尽一切办法帮您做到。”听到这样一番解释，这位客户不骂了，他似乎意识到问题出在了哪里。

幽默是一种智慧，一种身经百战的“融合术”。沟通需要幽默，人需要一种幽默精神。

第七章

想善于沟通，先重视倾听

倾听：胜于言表的沟通方式

沟通的方式有很多种，有语言表达、表情表达、肢体表达等，还有一种沟通方式不可忽略——倾听。人有一张嘴巴两只耳朵，就是让人们少说、多听。有时候，听比说更加重要。卡耐基认为，做一个听众往往比做一个演讲者更重要，专心听他人讲话，是给予他人的最大尊重、呵护和赞美。倾听，就是让对方的某些需求得到满足，如此一来，沟通的目的也就达到了。

有一个人叫亚当斯，他是一名军人，后来被派往阿富汗。阿富汗不是一个好地方，除了出其不意的恐怖袭击，乡愁带来的孤独感也是无法排解的。亚当斯在没有执勤任务的夜晚，常常只能写写日记，吹一吹口琴，抑或与其他士兵聊聊家乡的趣事。当然，这仅仅是在阿富汗最安全的时光里才能做的事。大多数时间，亚当斯都要面对死亡对他的考验。恐怖分子的偷袭，让许多人受伤或者丧命。其中有一名反恐士兵因为执行任务而被炮弹碎片击中了脖子，就在亚当斯的怀里死去了，且死相惨烈。亚当斯非常害怕，这种恐惧感一直笼罩着他。因此，他常常做噩梦，并会从噩梦中惊醒。换句话说，亚当斯得了一种战争后遗症，这是一种非常严重的心理疾病。想要治愈战争心理创伤，需要家人给他足够的温暖和爱护。两年以后，亚当斯回到美国。他完全变了一个人，多疑而敏感。他有时候不爱说话，有时候却像打开了话匣子一般说个不停。但是当亚当斯说话的时候，亚当斯的亲人并不那么在意，要么在忙自己的事情，要么总是打断亚当斯。亚当斯非常痛苦，后来他在自己家的车库里饮弹自尽。

这是一个悲伤的故事。一个正在说话的人，通常更需要听众的帮助。在这里，笔者需要讲一讲沉默是金论。对于一名听众来说，沉默是第一位的。沉默，才能够给对方营造出良好的讲话环境。讲话的环境越好，对方就越能够表达出内心所想。某商业银行客户经理采取引导法引导客户诉说自己的诉求和意见，因此他便保持沉默，竖起耳朵听客户的表达。客户看到他是一位非常好的听众，自然就会讲出内心的需求。客户经理掌握了客户的需求，才能够给出具体的方案。沉默有两大意义：给客户营造讲话环境，留出时间让自己思考。

《论语》中有这么一句话："多闻阙疑，慎言其余，则寡尤；多见阙殆，慎行其余，则寡悔。言寡尤，行寡悔，禄在其中矣。"这句话的意思是说，多听他人的话，把你觉得可疑的放在一旁，其余有把握的，也要谨慎说话，把持说话的度；多看他人做事，把你感到惴惴不安的事情都放在一旁，其他的，也要谨慎行事，就能减少后悔。说话少过失，行事少后悔，寻求利禄的秘密就在其中。孔子这番话告诉人们，多听少讲。听得多，也就掌握得多。听得越多，对对方的了解也就会越深入，也就能够做出更理性的、正确的反馈。所以，"沉默是金，雄辩是银"是很有哲理的。

听与倾听也是不同的。听，只是一个生理上的行为，它是被动的，没有情感的。倾听则完全不同，它是主动的，是一种情感上的交流。

比如，交响乐团在演奏，下面的观众在认真听，面部表情会跟着音乐节奏的起伏而变化。观众的这种专注也会感染并影响到交响乐团的发挥。倾听有六大意义。第一，倾听是一种尊重他人的方式，能够让对方感觉被尊重和被欣赏。第二，倾听可以营造一种讲话的环境，让对方讲出自己的心里话。第三，倾听可以解除他人的紧张感和压力，并且给对方一种信任和支持。第四，倾听还是处理抱怨、矛盾、冲突的好方式之一。第五，倾听可以给对方留下谦虚、低调的好印象，只有谦虚的人才“多听少讲”。第六，倾听可以让自己掌握更多有价值的信息，并根据这些信息精准反馈。

倾听的耳朵是敏感的，倾听的心灵是虔诚的。有了倾听的耳朵和愿意倾听的心，你才会拥有忠实的朋友。倾听可以拉近沟通双方间的距离，让沟通变得更加人性化；倾听可以让枯燥的沟通变成有趣的访谈，让沟通更富有情感。人们可以得出一个结论：倾听是一种胜于言表的沟通方式。

倾听：少说话，多听取

互联网时代，人人都爱表现自己，展示自己的价值。许多年轻人都喜欢发言，表现自我，让自己有名气，受人关注。时代的发展，会激活人们的表现欲，让一个人多说话，少听取。对于个人而言，这样的做法并没有什么问题，反而值得提倡。人生舞台，需要自我绽放，需要释放激情。然而，少说话，多听取，这种方式对于特定的行为而言，也具有正面的意义。

倾听，需要少说话，多听取。倾听是一种沟通行为。在沟通中，一方为了照顾另一方的情绪可以适当选择一种倾向于他人的策略。尤其是在商业银行的服务过程中，客户的意见、看法、需求是极重要的。只有了解了客户的想法，才能够帮助客户解决问题。

有一位医生，他非常有名气，许多人不远千里去找他看病。从这个角度去看，这位医生的医术是非常高明的。有一位患有顽疾的老人找到这名医生看病。医生见他非常痛苦，便让他躺在病床上说话。

医生问："老大爷，您哪里不舒服啊？您多说说，我听听。"

这位老人便开口讲："说起来，我这个毛病有好多年了。早些年，就是觉得疼。这种疼吧，只要吃一点药，就能缓解了。缓解了之后，很长时间就不会再犯了。后来，这个毛病出现得越来越勤，而且越来越控制不住。这一次，在县城的医院治疗了一段时间效果不好，我就转到这家医院了。"

医生结合老人的口述和检测结果，进一步询问。老人配合医生的提问，也进行了详细回答。在整个过程中，这位医生话不多，只是简单地提问。听到关键地方，他会拿起笔记录一下。然后再进一步深入了解，非常有耐心。老人的儿子说："他真是一位好医生，非常有耐心。他完全不像有些医生，根本就不让患者开口。患者不开口，医生又怎么知道患者到底哪里难受？"

除此之外，这名医生每天去病房查房时，都会停下来听一听患者的想法和诉求，医生会根据患者的想法进行心理上的安抚（因为医嘱不能随便更改）。久而久之，许多病号成了医生的朋友。

这个故事并不是一个商业银行故事，但是极有代表性和说服力。医生选择少说多听的方式，就是想要让病人说出自己的临床症状，而病人的描述可以让医生的判断更加准确。比如，一个人得了阑尾炎，他就会描述自己的右下腹疼痛，且疼痛非常剧烈。有了这样的描述，医生可以初步做出判断，并给出诊疗方案。对于商业银行而言，工作人员面对客户，同样也类似于"医生诊病"的模式和流程，通过提问了解客户的需求，通过引导让客户说出自己的需求。在这个过程中，“听”是非常重要的。

另外，多说话实则是无益的。许多客户都有这样的想法：如果想要听别人说的话，倒不如回家听父母的唠叨。有一些年轻人非常自信，也有一种很强烈的表现欲，即使是在沟通过程中，也会向客户展示自己的这种演讲能力。讲到最后，客户突然冒出了一句：“你终于讲完了，但是我还说什么呢？”也就是说，客户非常讨厌这种自以为是、夸夸其谈式的聊天。这种方式实际上是一种自负。

古人有句话：“善言不必多，言多必有失。”言多必失算是一个公认的结论，一个掌握“识人本领”的人能够通过说话看透一个人。而夸夸其谈的人，常常会露出破绽。还有一些人，则喜欢“妄下结论”。比如，两个人正在沟通，一个人还没说完，另一个人便打断了这个人的话，然后得出一个结论。事实上，这个结论十有八九是不对的，而且故意打断他人的发言，也是一种极其不礼貌的行为。

有一位哲人说：“学会倾听是你人生的必修课；学会倾听你才能去伪存真；学会倾听你能给他人留下虚怀若谷的印象；学会倾听，有益的知识将装满你的智慧储藏室。”倾听，就是一种靠耳朵沟通的方式，它并不依赖嘴巴。如果人们在沟通中启用了倾听这个方式，就要少说话，多听取，只有这样，才能把沟通工作做好。

倾听的“五位一体”法则

倾听是一种技巧、一种方法。如果一个人不懂得如何倾听，仅仅竖着耳朵听，那么就无法起到沟通的作用。听只是一个动作，仅仅是接收外界的声音；倾听，是一种感情交流方式，倾听是为了更好地回馈。

在这里，笔者要讲一讲倾听的“五位一体”法则。这是一个非常实用的法则，一个人只要能够做到“五位一体”，就可以把倾听这一项技能彻底掌握。“五位一体”即用眼睛看、用耳朵听、用嘴巴问、用脑思考、用心领悟。

1. 用眼睛看

世界是存在的，但是要看到世界需要借助眼睛。眼睛，将世界倒映在人的脑海里。通过眼睛，人们才知道什么是世界。有了“道德律”和“审美观”，人们才知道什么是好、什么是坏，什么是美、什么是丑。眼睛是心灵的窗户，一切事物，都需要眼睛去抓取。作为一个沟通者，对方会出现在你的眼睛里，他的模样、神情、姿态，都成为你判断他、了解他的基础。如果人们没有认真观察，而是把眼睛当成一个“装饰物”，那就无法获取真实的信息。

2. 用耳朵听

听，虽然是一种生理行为，如果有目的地听，有准备地听，有方向地听，就会让听变得有价值。对方怎么说，你就怎么听。听与说，要同时进行，不得延迟。例如，有个人注意力不集中，对方说的话，他只听进去一半，而另一半则忘记了。在这种情况下，他的反应就会延迟，并与思想做一番争斗。到头来，他还是一知半解、不得要领。人们需要认真听，抛下一切杂念。所谓“竖起耳朵”，就是注意力高度集中，确立起一种沟通的姿态，把自己的状态调整到位，才能听明白对方讲的是什么。

3. 用嘴巴问

整个倾听过程，也就是一个“听—问”过程，并不是只靠眼睛和耳朵，而把嘴巴闭上不用。事实上，嘴巴起到至关重要的作用。前面提到，要少说，多听。少说并不是不说，两者之间是有区别的。比如，某银行客户经理与客户进行沟通，客户一直在向客户经理讲述自己的想法和要求，客户经理就需要做好两件事：听和记。听，听的是客户所讲述的核心、关键点、问题；记，就是把客户的要求落实在纸上，以便后续进行处理、解决。问要在什么时候进行呢？如果此时客户陈述完毕，你就需要提问了，提出的问题就是你没有听明白或者需要再次确认的问题。要通过问，进一步了解客户；通过问，找到客户的真实需求。

4. 用脑思考

眼睛观察到的信息，耳朵听到的信息，嘴巴询问到的信息，是三种重要信息，这些信息只是原始信息，是未被大脑抽象处理并加工的信息。就像某一个加工厂，刚刚来了一批原料，这些原料只有经过深加工处理，才能够成为有价值的商品。因此，信息流进入一个人的大脑后，就需要被大脑“深加工”一下，这个“深加工”的工作就是思考。为什么笔者建议大家养成爱思考的习惯呢？因为只有你爱思考，当这些重要的、会对自己的生活产生影响的信息进入大脑后，你才能够快速做出高质量的处理。经过处理的信息，就是你所需要的信息。

5. 用心领悟

大脑处理过的信息，虽然是一种较为成熟的、明朗的信息，但是这个信息还仅仅是一个未“上架”的产品，需要进一步“贴标签”包装一番。“贴标签”的过程，就是用心领悟的过程。能贴标签的，说明通过了自己的心；不能贴标签的，说明没有通过自己的心。

用眼睛看、用耳朵听、用嘴巴问、用脑思考、用心领悟，要按顺序一步挨着一步，呈现出“递进”过程。人们如果能够掌握这个方法，就能够掌握倾听的精髓，以此服务于沟通工作。

有效倾听的七个技巧

倾听是需要技巧的。就好比好的木匠做木工活，拿起一块木头，就能够想到它的成品样子，然后“上工”，雕琢、打磨、抛光、上漆等，如此一来，一件优秀的作品就问世了。倾听的目的是让沟通开花结果，它如同木工技术一样，让对话变成了一件“作品”。在笔者看来，有效沟通有以下七个技巧。

1. 做好倾听的准备

倾听是有目的地听，有感情地听，有思考地听，用心地听。听是一件重要的事情，人们要对听进行准备。在这里，人们需要做三项准备。第一项准备是，准备目标。人们可以按照目标建立法则去创建一个倾听的目标，有了目标才有方向。第二项准备是，准备知识。人们需要对倾听的内容提前做好知识准备，比如一个人去听交响乐，就需要提前对交响乐进行了解。第三项准备是，准备心态。倾听，需要人们保持平静、自然、接纳对方的状态。做好了这三项准备，人们才能拉开倾听的帷幕。

2. 培养倾听的兴趣

有人说：“想要做一名好听众，很难。”只听不说，有时候是很郁闷的。尤其是人听到一个不那么精彩甚至有些枯燥乏味的故事，抑或听到一个人的抱怨时，都可能让倾听终止。一位倾听者要培养一种倾听的兴趣。有了这样的兴趣，人们就能够长时间保持一种积极状态。比如，人们可以多阅读，通过阅读增加自己的知识储备；人们可以多参与有意义的公益活动，培养“爱心”。这些做法，都可以让倾听成为一种乐趣。

3. 记住倾听的关键内容

一次倾听就像跑一次“马拉松”，一个人不可能把所有的语言内容记录下来。这就需要人们掌握一个技巧：记那些应该记的核心关键内容。比如重要的两部分内容，即开头、结尾。这两个部分内容往往代表着对方的目标和想要达成的结果。至于中间部分，或许因为倾听的“篇幅”问题，人们只需要记住对方所讲述的观点、事实以及与需求相关的信号即可。只有把有用的、有价值的东西记录下来，人们才能够把沟通工作做好。

4. 培养倾听的专注度

专注度对于倾听者而言，非常重要。现实中，人们的眼睛很容易受到外界吸引。看到对方的模样、打扮，就有可能走神。如果人们不能够保持注意力集中，恐怕就无法把倾听工作做好。人们需要做的，就是克服眼睛和思想上因诱惑造成的分神。

5. 注重倾听的互动

倾听是一个互动的过程，并不是一个人绝对地讲，另一个人绝对地听。倾听，需要有互动。比如，台下观众在听相声，相声演员抖出一个精彩的包袱，台下的观众就会哄堂大笑，或者报以掌声。哄堂大笑与掌声就是倾听者对相声演员的反馈。倾听者需要这样做：在认同的地方表示认同，在值得怀疑的地方表示怀疑，在不确定的地方进行确认。另外，倾听时的互动是对讲述者的尊重。

6. 留意肢体与表情

一个人在讲话过程中，他的表情、肢体也在表达。现在有一个被普遍认同的观点，即口头语言可以伪装，肢体语言和表情语言却无法伪装。如果一个人说了谎，就会通过他的表情、肢体表现出来。另外，一个人在遇到尴尬抑或不想说的话题时，也会用肢体、表情去表达自己的情绪。因此，倾听者要仔细留意讲话人的肢体和表情，并做出有效判断。

7. 控制倾听的情绪

做任何事情，都需要情绪的配合。情绪，起源于人的“潜意识”，有时甚至是不受控制的。但是为什么有些人能控制它，并且控制得很好呢?这就需要人们理性对待情绪。有人说：“理性是灭火器，可以消灭任何一种情绪火焰。”当一种不好的情绪冲上来时，人们需要迅速拿起理性的挡箭牌来阻挡它，并想办法化解它。同时，人们要将积极的情绪和话语传达给对方，让对方感受到倾听者的诚意和热情。

倾听是一种艺术，它可以把沟通谈话变成一件作品，并给对方带来愉悦的享受。倘若一个人能够在被倾听中获得快感，也就能接受倾听者的建议。

有效倾听的九个策略

倾听在沟通过程中，扮演着非常重要的角色。许多人总是觉得倾听只是听，并无多大意义，还是要通过话语改变对方的想法。事实上，即使一个人拥有三寸不烂之舌也未必能做到这一点。听比说重要，只有听明白了才能够说明白。“明白”二字，说起来简单，做起来难。

倾听，分为有效倾听和无效倾听两种。有效倾听，体现在效果上，这个效果能够改变整个沟通过程，并让沟通朝着预设的方向前进。有效倾听，在对方健谈的前提下才行。如果对方不爱说，倾听就是无效的。良好的倾听环境就是能促进对方开口说话的因素和条件。通常来讲，有效倾听有九个策略。

1. 全情投入

俗话说：“人生如戏，全靠演技。”倾听也需要这种全身心投入的“演技”。演技不是伪装，不是造假，而是一种投入方式。一个人想要把角色诠释到位，就需要集中精力去诠释这个角色。倾听者的任务就是做好倾听工作，给对方一个宽松和信任的环境。在整个倾听过程中，真正的主角并不是对方，而是倾听者本身。

2. 换位思考

有人问：“不说话也存在换位思考吗？”虽然只是用耳朵听，但是一个人的表情、肢体的变化是一种有效的传达方式。比如对方看到你眼神的变化，就能感觉出你想要说什么。倾听，并不仅仅是听，还要通过肢体、表情向对方传达一种态度。

3. 随时记录

在听的过程中要记录一些要点。这种记录有点类似于学生上课记课堂笔记。比如，一位讲师给某商业银行员工讲课，参与培训的员工在听课时忙于记录，记录就是为了帮助自己消化、吸收、解决问题。学生记笔记非常重要，那么倾听者记录对方所说的要点、疑问、需求同样是非常重要的。人的记忆力是有限的，并不能让人记住所有的重要的事情。

4. 避免主观

现实中，有一些“听众”喜欢讨论，如果这种讨论仅限于“茶余饭后”，就不会对沟通产生影响。如果这样的主观的争论发生在倾听过程中，就会产生巨大的影响。比如，公司的老板在开座谈会，下面坐着不少“听众”，其中一名“听众”质疑老板的发言，便直接插嘴评价：“老板，你说得不对。”通常来说，这样的批评显得有些无厘头，甚至非常主观、盲目。

5. 保持沉默

有些人总喜欢插嘴，不等他人说完便送上评价意见。这种行为不仅很粗鲁，也打断了发言者的思路。作为倾听者，一定不要忘记倾听者的角色，倾听者就要以倾听为主、说话为辅。如果对方还在讲话，倾听者一定要保持沉默状态，不插话，不抢话，不终止话题，配合对方把话说完。

6. 不要打断

不要打断与保持沉默有相似之处。它们的不同之处在于，不要打断是从沟通本身考虑的，它坚持沟通的完整性；保持沉默是一种有忍耐力的体现。许多人性子很急，急于表达，希望通过“语言代替倾听”的方式快速解决问题。事实上，对方并不会因为你的着急而答应合作。不要打断是一种礼仪，也是有效倾听的一个关键策略。

7. 及时提问

倾听是一个“听与问”的过程，人们听到不懂的地方，就需要问，通过问让对方进一步进行解释。例如，一位培训师在银行做培训，而培训课就是一堂沟通课。培训师讲，员工听。如果员工有听不懂的地方，就需要向培训师提问：“老师，这道题怎么解？”培训师就会告诉员工正确的解法。沟通的目的，就是解决问题，找到答案。提问是一种手段，也是倾听的小帮手。

8. 控制气场

善于控制脾气的人，总能够把各种场面把控得游刃有余。有位哲人说："控制脾气，就是让自己的'善'长留在外面，让自己保留一份美好。"控制气场也是如此。如果一个人的气场非常大，恐怕就会吓到对方。适当收起自己的"霸气"，找到一种适合倾听环境的气场，能够让对方愿意说话、敢于说话。

9. 保持跟进

倾听是一个沟通的过程，即使倾听结束了，也需要跟进。跟进的目的，就是督促自己把沟通的任务完成。它是倾听的一部分，也是整个沟通的一部分。

有效倾听还有其他策略，商业银行从业者可以在日常工作生活中进行思考和探索。只有这样，才能把有效倾听工作做好。

有效倾听与有效反馈

笔者认为，不管是沟通反馈，还是倾听反馈，都是极重要、极关键的环节。甚至可以说，前面的一切工作，都在为反馈做准备。那么反馈的具体定义是什么呢？反馈特指返回到事情的起点并产生影响的一种行为，或者手段。反馈的目的是把一件事控制在合理、正常的范围之内。

反馈是有目的性的，这一点与倾听不谋而合。一般而言，有效的倾听需要有效的反馈进行配合，倘若反馈无效，倾听也就无效。那么人们应该如何进行有效反馈呢？需注意以下几点。

1. 针对事

倾听，就是倾听者倾听对方讲述事情，这个事情具备时间性和空间性，时间与空间就是倾听的两个重点。比如，某人在什么时候做了一件什么事。时间的起始，恰恰证明了事的合理有效性。而事的元素还包括一个人的需求、看法、观点、论据等：需求就是一个人想要寻求的答案；看法代表着一个人对某个事物的认知；观点和论据则相互作用，并加深一个人对其的主观认识。倾听者只有了解了这些，才能够提出意见或者进行有效反馈。另外，倾听者对于不明白的问题，需要进行确认。如果一个人对于不明白的问题依旧不明，恐怕沟通到最后也达不成共识。

2. 清晰

如今有一些人担心自己说错话，便采取一种“模糊数学”式的解答。所谓“模糊数学”，就是含混不清。倾听者或者沟通者，必须要把对方所说的“一切”搞清楚。这里提到了“一切”，就是说沟通中不能留死角，只有弄清楚问题才能解决问题。例如，某商业银行客户经理在倾听之后，便对几个存疑问题进行反馈，他向客户提问：“您更侧重于储蓄还是基金呢？这一点很重要。”客户说：“储蓄。”经过确认后，客户经理向其推荐没有风险的储蓄产品。把倾听中存疑的问题搞清楚，沟通者才能把问题真正解决掉。

3. 正面

清晰的反馈与正面的反馈有程度上的区别：清晰的反馈让倾听中存疑的问题变得更加明朗；正面的反馈则是给出一个正面的、确定无疑的答案。例如，某商业银行客户经理通过“倾听＋提问”的方式了解了客户的想法以及客户的需求，其反馈也就是让事情在明朗化的基础上再进一步肯定。换句话说，这项工作是对清晰的反馈的进一步核实和肯定。例如，客户提出了自己的想法：“我想通过理财完成资产配置。”此时，客户经理就需要给出反馈：“我的建议是，您可以购买一个产品组合，这个产品组合可以帮助您实现家庭财产的分配。”也就是说，一定要给对方一个明确的答案，这个答案关乎整个沟通的前途。

4. 不针对人

倾听者带有目的地倾听，即使目的没有达到，倾听者也要保持理性的状态。现实中，有些人会做出一些出格的事情。例如，有一位保险推销员拜访客户，客户有自己的想法，他说："贵保险公司的保险产品并没有什么优势啊，你向我解释了半天，我并没有找到我所期望的产品。"此时，这位保险推销员有点太过着急，他对客户提出了质疑："这位先生，您肯定对我们公司有成见吧。我们公司的产品有自己的特色，根本不像您想象那样没有特色！"这句话还没说完，客户便站了起来说："就算我对你们公司的产品和你们公司存在成见，又怎么了？难道不许客户提意见和看法？你们就这么霸道吗？"这种对人不对事的反馈，可能引起新的矛盾和争执。

5. 有所改进

什么问题值得反复磋商和沟通呢？在笔者看来，是那种一直存疑的、一直没有得到解决的问题。这种反复能够体现对方对倾听者的信任，正因如此，他才会反复进行诉说，希望从倾听者的嘴巴里得到改进的、创新的结论。因此，倾听者必须要给出一个令对方"耳目一新"的答案，这个答案就显得非常重要了。

倾听者也是反馈者，倾听还有一项重要任务就是做出反馈。换句话说，对方希望得到的是答案，而不是默然倾听。如果人们能够及时给出反馈，就能实现预先设定的沟通目标。

倾听需要克服的八个障碍

倾听者需要有耐心、有爱心，这样才能做好工作。当然，这里需要说明一下，耐心和爱心是可以培养的。为什么说倾听是一项非常难的工作呢？许多人在求学的时候，都有过英语听力的训练。这种训练是非常艰苦的，要通过听，才能找到正确的答案。许多学习优异的学生也拿英语听力没有办法。

英语听力是非常难的，那么倾听就更加困难了。如果人们做英语听力存在障碍，那么倾听时也存在倾听障碍。只有绕过这些障碍，人们才能把倾听工作做到位。经总结，倾听有八个障碍。

1. 自我

人是以自我为中心的动物。虽然世界不以个人的意志为转移，但是许多人依旧这样想、这样做。现实中，自我能够让一个人变好，也能够让一个人变坏。倾听时，人们需要放下自我。只有放下了自我，耳朵里才能有他人。很多时候，人们为这种放下自我的行为竖大拇指，说明放下自我是一种美德。

2. 偏见

偏见是一汪浊水，容易让一个人偏离了“真知灼见”的航线。拥有偏见的人，可不是聪明人。许多人都抱有偏见，与自己不喜欢的人进行沟通时，偏见就会出现。对于倾听者而言，偏见可以阻碍其听到真实的、有价值的声音。因此，人们只有放下偏见，才能够听到对方的心声。

3. 主观

人们可以把主观当成先入为主，就是在倾听之前，先行植入了一种意见和想法。如果对方陈述的观点与自己的观点相符或者相近，倾听者就能够有耐心继续听下去；如果对方的观点与自己的观点不相符甚至完全相反，倾听者就没有耐心继续做听众了。先入为主是倾听的毒药，人们要在倾听之前放下主观，才能听到有效的声音。

4. 坏情绪

倾听是一项需要好情绪、好心态的工作，如果你的情绪非常坏，就难以听进去任何一件事。有一位心理咨询师，每天要接诊许多病人。这些病人里有年轻人、有老人，有男人、有女人；心理咨询师对每个人都需要采取不同的方法。心理咨询对倾听的要求非常高。然而有一天，这位心理咨询师心情很不好，接诊过程中与病人发生了争执。坏情绪能够终止倾听，让沟通失去效果。

5. 沉湎

沉湎是什么意思呢？就是沉迷于对方的说辞，它可能是一句话，也可能是一个故事。除此之外的信息，就有可能被忽略了。比如，客户讲述的故事很精彩，但是真实的需求和意见在故事之外。如果人们沉湎于这个故事而忽略了客户的真实的需求和意见，倾听就失去了意义。这种沉湎与走神无异。

6. 没有耐心

倾听需要耐心，有耐心的人才能演好听众这个角色。哲学家培根认为：耐心是高尚的秉性，坚韧是伟大的气质。无论何人，若是失去了耐心，便失去了灵魂。一次成功的倾听源于倾听者的耐心。如果倾听者没有耐心，而是直接说："你说的话，没有一句我愿意听，你可以闭嘴了。"倾听工作就会随之结束。

7. 没有诚意

倾听对方的讲话，需要诚意。例如，老师讲课，学生听课。在老师讲课的过程中，学生在下面开小差，或者做一些与课堂内容无关的事，就是一种缺乏诚意的行为。这种行为不仅让倾听失去了效力，而且会让讲述人反感。换句话说，没有诚意的倾听是对讲述人的不尊重。

8. 厌倦

现实中，人们总会因各种各样的事情烦恼。当一个人被无数的烦恼纠缠，且没想到“脱身之法”时，就会陷入一种厌倦状态。这种厌倦令他对任何事情都没有兴趣，包括自己的人生。如果倾听者处于一种厌倦的状态，恐怕他不会对讲述人的话语感兴趣，仅仅是“一只耳朵进，一只耳朵出”而已。

倾听的障碍可能远远不止以上八个。比如一个人生病，会影响倾听的状态；外部环境的干扰，也会影响倾听者的心情。人们只有绕过倾听的障碍，才能做好倾听工作。

第八章

如何做好人际沟通

沟通的目的：搭建人脉

所谓人脉，就是指人际关系网络。现在，无论什么行业，都离不开关系。关系是一种正常的、存在于社会中的、被普遍认同的东西。有一位商业银行行长说："没有关系，没有一定的人脉，银行业务是做不起来的。"因此，搭建人脉是实现商业银行营销开门红的重要方式。

沟通就是一门"关系术"，通过沟通双方建立起互信的合作关系。沟通，就是发起者对对方发起的一次感情攻势，这个感情攻势具备方向性、目的性、服务性，能够帮助对方解决某个问题或者提出有价值的建议。事实上，沟通可以实现双方利益上的共赢，对一方好，对另一方也要好。如果人们执念于一方的利益而忽略另一方的需求，沟通目的就无法实现。搭建人脉，就是通过沟通寻找一个双方共同认可的契合点。

有一个名叫桑德斯的人，是一名银行理财经理，有二十五年的工作经验。有一天，他去拜访当地的传奇人物——刘易斯。这个人是当地的富商，曾经开发了许多房地产，拥有数亿家产，因此是当地家喻户晓的人物，任何人都想跟他搭上关系。当地有一句话："搭上刘易斯就等于爬上了金山，说不定也能跟着发一笔财。"

桑德斯并没有这么想，他只是想认识刘易斯，并把他当成银行最重要的客户来对待。他来到刘易斯的公司，先向刘易斯进行自我介绍："亲爱的刘易斯先生，我是桑德斯，某银行的理财经理，很高兴认识您！"

桑德斯的开场白很简单，但又非常正式。这样的开场白，通常就不会让他吃闭门羹。刘易斯邀请桑德斯坐下。因为提前进行了电话预约，刘易斯恰恰有一份计划想要让桑德斯帮忙分析。桑德斯戴上眼镜，一个字一个字地认真斟酌，然后通过引导式提问让刘易斯进一步解释自己的银行合作计划。刘易斯说："我想要一份很特别的方案，它必须是与众不同的。"桑德斯明白特别是什么意思，就是一款受益与风险交割在最理想的点上的产品，这样的产品才能够实现刘易斯的目标。

桑德斯带着几份方案，非常有耐心且诚实地向刘易斯讲解每一份方案的针对性和特色。但是，刘易斯对这些方案都不满意，仅仅是满意桑德斯的服务态度。刘易斯对桑德斯表示了感谢，并说："桑德斯，感谢您的到来！但是您还得容许我再考虑一番。"没有谈成业务，桑德斯并没有失望。在他看来，成功与否并不能用一次沟通来衡量。

事实上，桑德斯给刘易斯留下了非常好的印象。刘易斯只要有了新想法，就会跟桑德斯沟通。桑德斯把每一次上门，都视为一次珍贵的机会。在第六次上门时，桑德斯终于与刘易斯达成了共识，签订了协议。

桑德斯与刘易斯的故事，可以表明达成合作、搭建人脉的几个要点：真诚、耐心、主动、相通。

真诚，是搭建人脉的最重要一点。人们都说："做人要诚实一点，本分一点，老实一点。"说白了，就是与人交往要真诚。故事中，桑德斯是非常真诚的。一方面，他非常守信，只要接到客户的预约，他便按时赴约。另一方面，这种真诚体现在桑德斯对礼仪的使用上。

耐心，是搭建人脉的关键要点。有了耐心，一个人才能坚持做好一件事。比如，人脉的维护是一个长期过程，贯穿整个职业生涯，甚至是整个生命。桑德斯是一位非常有耐心的人，这种耐心从他工作的态度上、服务客户的行为上以及沟通的语言上都有所体现。

主动，就是沟通主动一点，联系主动一点，服务主动一点。现在有一种病叫拖延症。拖延症就是拖拖拉拉，非常消极、非常被动。试想一下，如果一个人不主动与他人打招呼，那么他人会主动与这个人打招呼吗？孔子说："来而不往非礼也。"想要搭建人脉，需要主动"出击"才行。

相通，就是两个人有共同的爱好和志趣，有相似的观点。俗话说："物以类聚，人以群分。"相似的人，才能走到一起。但是对于商业银行从业者而言，服务、沟通时是不能按照自己的喜好"挑客户"的，只有把自己的心态调整好，才能找到彼此的相似点。

如今，市面上有许多关于如何搭建人脉的书，这些书或多或少都有方法的阐述。人们可以根据自己的情况进行学习，或者坚持日常工作总结，找出适合自己的人脉搭建法。

人际沟通的四种技巧

如今，为了研究人际关系而单独生成一门学问——人际关系学。这门学问主要研究各种各样的人际关系，比如爱情关系、亲情关系、朋友关系、工作关系等。著名诗人北岛，用网来形容人们关系交错的生活。生活就是一张网，网就是关系的总和。人们离不开这张网，因而需要将它梳理清楚。换句话说，人们要做好人际沟通工作，才能拥有人脉，拥有调动人脉资源关系的能力。现实一点说，商业银行需要有搭建人脉的从业者，人脉就代表着商业银行的客户资源。许多商业银行招聘时有这么一条规定：有人脉、有工作经验者优先。

梳理人际关系需要技巧，而人际关系学同样教给人们人际沟通的技巧。只有掌握了这些技巧，人们才能够把生活这张网打理得井井有条。通常来讲，人际沟通有四种技巧。

1. 展现自己

有许多人害羞、内向，羞于向对方介绍自己、展现自己，自然也就不会被对方认识、接纳。例如，老师让同学们站起来进行一下自我介绍。有一名叫丹丹的女生特别活泼，用非常流利、有趣的语言对自己进行了一番介绍；她的同桌大鹏则特别内向、拘谨，自我介绍时，声音小如蜜蜂的嗡嗡声，许多人都没有听清楚他说什么，因此学期快结束时，还有人不知道他是谁。展现自己，是多么重要的一件事。如果一名客户经理拜访客户时，没有自我展示，也就没有办法取得客户的信任。

在人际关系学中，常常出现“自我暴露”这四个字。自我暴露，就是自我展示，自我介绍。无论是对客户、朋友还是对亲人，自我暴露都是非常重要的。把自己“打开”，暴露给对方，对方才知道你的想法、态度、性格，才能产生判断和选择。只有让自己处于一种“打开”的状态，才能够被他人接纳。

2. 进行感情投资

人与人之间的关系，常常被人形容成一种利益关系。这种关系有可能是感情利益，也有可能是经济利益。人们发现，因感情利益而形成的关系更加稳定，因经济利益而形成的关系并不太稳定。也就是说，人与人之间的一种牢不可破的关系，是感情关系。那么如何才能形成这种坚固的、持久的感情关系呢？这就需要人们学会进行感情投资这一技巧。

感情投资并不能用金钱来衡量，而是一种感情的持续投入与付出。比如，商业银行从业者关心自己的客户，总能够给客户提供体贴入微的优质服务。进行感情投资的方法有很多，但关键的一点是真诚。对方看到你的诚意，才能接纳你的感情投资。

3. 牺牲自我

一般而言，许多人做不到牺牲。正因为做不到这一点，许多人失去了许多机会。人们常说："舍即得。"舍下小本小利，才能赚来大利。牺牲是一种精神，一种境界，一种智慧。牺牲是一种爱，一种奉献。著名心理学家阿德勒认为：奉献乃是生活的真实意义。假如人们检视人们从祖先手里接下来的遗产，人们将会看到什么？他们留下来的东西，都是他们对人类的贡献。牺牲眼前的利益，就是放下"斤斤计较"的私心，用自己的无私，换来对方的合作。换句话说，牺牲自我是从"长远利益"打算的，也就是"从长计议"。因此，牺牲自我还是一种谋略。

4. 加强修养

加强修养是对前面三种技巧的一种补充。这种补充是对前三种技巧的加强，也就是帮人们提高搭建人际关系的综合能力。人们必须要不断地学习，不断地提升自己。在这里，笔者强调自我修养的提升。比如一个人的道德修养、文化修养、礼仪修养、职业修养等，能够帮助他树立起正确的人生价值观。如今，商业银行的发展遭遇瓶颈，突破瓶颈的办法不是提升内部的硬件和软件水平，而是提升银行人的修养和能力。一个银行想要取得发展，就要加强人的"力量"。只有当每一个"个体的力量"得到加强时，商业银行才能得到推动力。

总而言之，人际沟通是有技巧的，人们要掌握这些技巧，让其在人际交往中发挥作用。

人际沟通需要一点寒暄

过去街坊见了面都会很亲切地打招呼，比如老王见了老李说："早上好啊，老李！"老李也会回应老王："今天天气不错啊，出来遛个弯儿！"一来一往，通过彼此之间的这种嘘寒问暖，两个人的关系拉近了。许多人认为，寒暄完全是一种虚伪的客套，一点都不实在。但是什么是实在呢？嘘寒问暖并不是客套，也不是虚伪的。能够让对方产生良好印象的，也就是人们所说的礼仪。很显然，寒暄并不是一种客套，而是一种礼仪。

有一位成功商人，他有一家公司。但是，他的儿女对继承公司并不感兴趣。于是，他决定从公司内部找一位"靠谱"的新掌门人。比较符合接班人条件的有三个人，这三个人分别是A经理、B经理和C总监。

A经理是做业务出身的，交际能力非常强。商人认为，A经理非常擅长外交，没有他摆不平的事情。换句话说，A经理的人脉非常广，借助他的人脉，公司就不会倒闭。

B经理是做管理的，有非常卓越的管理能力。人们称这种管理能力为统率力。统率力是一家公司不可或缺的力量。B经理一直担任商人的管理顾问，也就是幕僚，对公司的管理运转机制摸得门儿清。在公司内部，B经理是最热门的人选。如不出所料，B经理会成为新掌门人。

C总监是主抓财务的，工作近三十年，经验丰富，并且在盘账、报税等方面，都有自己的一套方法。许多企业的老总，都是财务出身。如果C总监出任新掌门人，似乎也并不意外。

但是意外还是产生了。商人选中了一位接班人，这位接班人只是某个部门的部长，年龄不到四十岁。许多人都傻了眼，内心有一个巨大的问号。商人说："之所以选择他，是因为他没有私心，无论是见了上级、同级还是下级，他都能够热情打招呼，而且这样的热情并不是装出来的。"

事实上，商人曾经私底下做过一次"人气调查"，许多人都推荐那位部长，并认为他有朝气、平易近人，能够与其他人打成一片。商人能够从寒暄中窥探出一个人的人品和素质，这也就是商人选拔新掌门人的依据。

现实中，许多人都觉得寒暄过于虚伪，与其寒暄，不如彼此之间保持距离，彼此尊重。还有一些"隐世高人"则采取一种"鸡犬之声相闻，老死不相往来"的方式。但是对于大多数人而言，这种"高深"处世之道并不适合职场，更不适合商业银行。在商业银行里，行长与员工、员工与客户整日见面，"老死不相往来"完全不适用。一名员工见了行长，通常会向行长问好："行长好！"通过问好，他也就能够给行长留下一个好印象。这名员工见到客户，通常会向客户问好："某先生（某女士），您好！有什么可以帮您？"一句舒心的问候，便可以让客户拥有办理业务的好心情。寒暄的目的就是营造一个舒心的沟通环境，并搭建起沟通的桥梁。

有一位管理学的学者说："要与客户谈一场恋爱！"这句话体现了银行与客户之间的亲密关系，这种关系甚至像恋人关系一样。如何实现这种关系呢？有人给出了答案："爱，爱，还是爱。"没有爱，世界万物皆是灰色的，大海没有波浪，湖泊没有涟漪。爱，让一个人拥有最美丽的东西。比如，一名银行客户经理拥有了这种爱，客户在他眼中就是一个善良而美丽的人，因此他会主动送上赞美、鼓励和祝福。在爱的攻势下，客户也会打开自己的心扉，去接受客户经理的祝福。有了爱，沟通渠道才能被打通。事实上，寒暄是一种爱的表现。真正的寒暄，是一种自然的、充满敬意的、毫无雕刻痕迹的诚挚问候。而礼仪式的寒暄，则呈现出一幅美好的开场画卷。礼仪式的寒暄可以成为一种礼仪习惯，当你见到某个人时就会自然而然地说出来。

寒暄是一种礼貌，一种尊重，更是一种智慧。它被冠以虚名完全是因为有些人为自己的傲慢和不屑进行开脱。在商业银行里，商业银行的从业者要学会寒暄礼仪，借助这种礼仪进行“破冰”，并与他人建立起有效的沟通关系。

人际沟通需要常常联系

有首歌是这样的：“常回家看看，回家看看，哪怕给妈妈刷刷筷子洗洗碗……”《常回家看看》这首歌唱出了许多游子的归家之情。人与人之间，应该经常保持联系。只有这样，才能拥有割不断的情谊。

有一位商行客户经理，他叫周海洋，算是一名老银行人了。所有人都喊周海洋老周，平时不是老周这，就是老周那。总之，老周是一位非常重感情的人。早些年，老周还在某企业工作的时候，与该企业的一位车间主任关系很好。后来，老周去了银行，这位车间主任也退休了。

按照现在的话讲，“人走茶凉”是一个非常常见的现象。车间主任退休了，老周很有可能也就不与其保持联系了。许多人出于个人利益的考虑，会这样做。但是老周是非常重感情的人，常常与这位车间主任在一起喝喝酒、聊聊天。几年后，车间主任的儿子成长起来了，并成了该企业的高管。

老周对车间主任的这种情感，逐渐辐射到车间主任的儿子身上。因此，该企业与老周冥冥中又建立起了联系。后来，老周被调至片区新网点工作，新网点急需业务量。此时，车间主任的儿子主动打电话与老周取得了联系，并对老周承诺，与老周所在的片区新网点合作。

许多年过去了，车间主任的儿子成了企业的掌门人，掌管着3000多名员工和约12亿元的企业固定资产。另外，这家企业还是当地的纳税大户。老周所在的银行与这家企业达成了深层次的“战略合作关系”。可以想象的是，这家大型企业能够为商业银行带来丰厚的收益。

世界上，貌似有许多偶然；但当人们认真思考时，或许会发现，这些偶然实则是必然。笔者始终坚信一句话：“天上不会掉馅饼。”免费午餐不是陷阱就是骗局。这些偶然，其实都是日积月累的结果；抑或是无数次尝试换来的缘分。有一位商业银行的行长说：“在我的职业生涯里，出现过几位贵人，这几位贵人分别出现在我人生的不同阶段。这些贵人里，有我的父母、我的兄弟姐妹、我的同学、我的朋友、我的客户……我非常感谢他们！如果没有他们，也就没有现在的我！”这些发自肺腑的感谢是怎么来的呢？有别人对他的长期关注与呵护，也有他对别人的长期问候与关怀。往来之间，就形成了一种默契，一种合作。而这种默契，便是搭建沟通桥梁的本源。那么如何才能与他人保持这种良好的联系呢？

首先，要保持良好的个人形象。个人形象非常重要，它代表着一个人的身份。如今，许多人意识到这件事，通过加强自我修养提升自己的综合素质。比如参加礼仪培训课，多交往一些品德高尚的朋友等。如果一个人的个人形象得到了全方位的提升，在交往或联系过程中，就能够给对方留下良好的印象。例如，某商业银行客户经理在众多客户眼里都留下了良好印象，许多人评价他为谦谦君子，做人低调务实，给人一种踏实的感觉。从事银行业务，给客户一种踏实的印象是极重要的。

其次，与他人保持适当的距离。距离产生美，距离太近了，美也就消失了。因此，在与他人保持联系时，应该保持一种恰当的距离，不要过于热情，也不要过于冷漠。某售楼处女售楼员为了售楼，常常给男性客户发送一些超过“客户问候”关系的信息，令许多人莫名其妙。比如有一位男性客户说：“难道发给我这样的信息，我就会买房子吗？这显然是不可能的！”关系拉得太近，反而会引起误会。

最后，保持一定频率的沟通。有些客户是非常奇怪的，他非常希望服务商能经常关怀他。比如，某人购买了保险公司的理财险，他非常希望保险公司能够定期告诉他收益情况、投资市场的行情等信息。与他人保持一定频率的沟通，并不见得是坏事。当然，这需要人们对客户进行调查、了解，分析客户的特点，根据客户的特点安排沟通的方式。比如，有些人不接受登门拜访，只接受电话访问；有些人不接受电话访问，只接受预约等。商业银行的从业者要建立一套科学的沟通体系，定期、按时拜访老客户，随时跟进业务，这样才能把营销和服务工作全部落实到位。

除此之外，银行人要为客户提供倾听的机会，定期让客户讲出自己的想法和需求，借助商业银行的资源或个人人脉关系帮助客户解决问题，这种帮助是全方位的，并不仅限于工作。

人际沟通需要替人解围

某商业银行举办沙龙，来的人都是一些有头有脸的人物。在这些人里，有大企业的老板，也有社会名流。总之，一个个都是得罪不起的人物。沙龙结束后，参与沙龙的人便一起去某酒店聚餐、庆祝。

有一位姓王的老板，非常喜欢文学艺术，席间总是朗诵古诗词。许多人都大赞王老板：“王老板满腹经纶、出口成章，让我们好生羡慕啊！”王老板自然是扬扬自得，在这样的场合享受被人“奉承”的感觉。

酒席进行到一半，王老板兴致大发，开始朗诵李白的《将进酒》：“君不见，黄河之水天上来，奔流到海不复返。君不见，高堂明镜悲白发，朝如青丝暮成雪。”王老板刚刚朗诵完毕，一位商业银行的客户经理说：“不是‘君不见，黄河之水天上来，奔流到海不复回’吗？”事实上，许多人都知道王老板念错了，只不过没有人出来纠正而已。气氛瞬间凝固了，场面非常尴尬。此时，商业银行的行长说了一句话瞬间帮王老板解围：“管他复返还是复回，都是一个意思，大家在一起喝酒，才有‘将进酒’的感觉。”

可以说，这句话帮助王老板解了围。但是王老板变得拘谨了很多，不再朗诵诗歌了。在洗漱间，行长批评客户经理：“你这样一说，很不给王老板面子。在这种场合下，我们没有必要跟客户较真。说实话，我们想方设法帮助他们解围还来不及呢。”

后来，商业银行危机公关工作做得很到位，并且通过其他方式向王老板道了歉。王老板不计前嫌，继续与该商业银行保持原有的合作关系。

这个故事非常有趣，客户经理的“不给面子”以及银行行长的解围，通常情况下，这两种情形都会存在。人为了脸面可以做出一些令人难以想象的事情。如果商业银行从业者能够顾及他人的脸面，把他人的脸面当成自己的脸面，就不会犯银行客户主管这样的错误。此时有人问：“难道我们要学着拍马屁吗？”在任何一个场合中，在原则和道德允许的情况下，作为一名商业银行的客户经理，为何不能拍客户的马屁，给客户戴一个高帽呢？

为他人解围，就能够为他人保全面子，这更是对他人的一种帮助。某次公开表演中，一位年轻歌手在歌唱过程中，突然唱错了词。这一个失误令她十分尴尬，而台下观众也开始吹起了口哨。此时，一位组织人员走上舞台，向观众道歉：“很抱歉啊。刚才伴奏中的几个音符出错了，这对我们歌手的表演影响巨大。”事实上，又有几位观众关注伴奏的问题呢？这样的解围非常有意义，是对年轻歌手的一种鼓励。现实中，这样的故事、案例不胜枚举。

对一位处在尴尬境地的人而言，帮他解围等同于雪中送炭。有一位企业家说：“我们总是在讲互相帮助，互相补台。补台是什么？恐怕许多人都不明白它的内涵。补台不是锦上添花，而是雪中送炭。补台是在你尴尬的时候、遭遇危机的时候，有人及时伸出援助之手。替人解围、替人消灾，都是一种援助。”你援助了他人，他人便会记住你的好。比如，有一位老年客户来银行办理业务，他只是办理普通取款业务，所以被分流到“自助业务区”。许多老年人并不习惯使用ATM机（自动取款机），便陷入一种尴尬境地。就在这个时候，大堂经理看到了这一幕，她走到老人身边，微笑着对老人说：“老人家，别着急，我教你使用ATM机，其实它操作起来很简单！”她一步一步提示老人如何插卡、如何输入密码、如何取款等，老人也逐渐掌握了ATM机的使用方法，并露出微笑，说：“谢谢你，要不然我还真不知道如何是好了！”

另外，替人解围还是一种打圆场的方式，可以帮助某个人全身而退。有一年，慈禧太后去听杨小楼的戏，听完之后心情大好，便打算赏赐杨小楼。杨小楼不敢接受慈禧太后的大礼，于是慈禧太后便打算赐字给他，写了一个“福”字。但是慈禧太后万万没有想到，她写的福字多了一点。站在旁边的小王爷看出了问题，便小声提醒慈禧太后：“老佛爷，字多了一点。”与此同时，杨小楼也看出了问题，场面十分尴尬，慈禧太后表情十分凝重。就在这时，李莲英替慈禧太后解了围：“老佛爷的福，总是比世人多那么一点呀。”听到这话，慈禧太后露出了笑容。

替人解围是一种美德，因为人人都有受困的时候，都有需要别人帮自己解围的时候。如果人们能够做到这一点，就能给对方留下良好的印象。

人际沟通需要一点自嘲

过去，人们总在讨论阿Q这个人物，这个人物非常有意思，他最大的特点就是能自嘲。在遭受攻击或者污蔑的情况下，自嘲能让人迅速调整自己的状态。这种方式，既给自己找了一条出路，又能缓解沟通场面上的尴尬。

古时候有一位叫蒲秀的人，他是一位秀才，能够写几篇文章。后来，他在县城里开了一个铺位，专门为不识字的人代写各种信件。有一天，一位抱着孩子的妇女来到他的铺位前，问道："蒲秀才，你能不能给我写封信？"

蒲秀说："当然可以，你让我代笔给谁写？"

妇女说："给我男人写。他在外面做生意，两年没回家了。你帮我写一封信，意思就是让他保重身体、赶紧回来。"

蒲秀拿出笔墨，提笔就写。写到一半时，他突然停下，他问："你男人叫什么名字？"

"瞧，我忘了告诉你了，真不好意思。"妇女说，"白白让你浪费了这么多墨水！"

蒲秀则说："不是你的错，是我脑子不好用了，忘了问你了。"蒲秀重新写了一张。这一次没有出错，妇女非常高兴，而且对蒲秀说了许多好听的话，然后才付了钱走人。但是这一幕被其妻子看到了，妻子非常生气："蒲秀，你是不是看她漂亮，而且男人不在，就想要进她家的门？"

蒲秀是个矮个子，于是自嘲道："你看我这副模样，别的女人能看上我吗？"

蒲秀的妻子气不打一处来，说："你的意思是说，我瞎了眼才找了你吗？”

“不不不，也就是你这么善良，才可怜我，嫁给了我。要不然，我早就被踹出门了！”蒲秀的自嘲哄得刚刚还在生气的妻子哈哈大笑。

“看你这可怜巴巴的样子，这次我就原谅你了。”

现实中，人们常常遇到这样的事情。面对客户的质疑和刁难，人们需要有所准备和防范。很显然，自嘲就是一块非常好用的盾牌，它既能保护自己，又能够保护对方。如今，人们看到的更多是“一言不合就争吵”的场景，这不但缓和不了沟通的紧张局面，反而会惹出大麻烦。

有一位银行女客户，因为排队时间较长，心情不太舒畅。终于轮到她办理时，她便对银行高柜柜员发泄自己的不满情绪，她说：“你们银行啊，服务质量是越来越差劲了，根本不把我们当上帝看！”

此时，这位高柜柜员还处于比较平和的状态，他回答：“目前我们也无法改变现状啊，也就只能这样了。”

女客户说：“既然无法改变现状，服务态度好一点也行呀。看你们一个个的，连个笑模样都没有，不是真诚服务吗？不是微笑服务吗？服务都去哪儿了？学的标准礼仪呢？”

这时，这位高柜柜员终于忍不住了，他开始反击：“您觉得我们的服务态度不好，您可以直接投诉。”

如果这位高柜柜员用另一种语言或态度对待女客户，恐怕也就没事了。这句话引起了非常大的冲突，女客户选择了投诉，投诉之后还要求高柜柜员、银行行长向其公开道歉。如果不道歉，她就去上级银行投诉。

遇到这样难缠的客户，银行行长站了出来。他先是赔礼道歉，然后自嘲道："您看，您才是真上帝，您一发脾气，我这不就赶紧出来道歉了吗？您不要生气，我们银行肯定会让您满意。"

后来，这家银行送给女客户一个小礼品，银行行长亲自奉上礼品，女客户才放弃了向上级银行继续投诉的想法。

事实上，自嘲是一种幽默，一种胸怀。比如，一位西餐厅的服务员为客人斟酒的时候，不小心将酒倒到了客人的光头上。服务员非常害怕，目露惧色。客人看到服务员的这种眼神，便拿出一块手帕擦自己的光头，并笑着对服务员说："您不用担心，说不定您这红酒'生发灵'，能够治愈我二十年的脱发顽疾呢。"说到这里，服务员紧张的心情一下子缓和了，他向客人道歉："非常对不起，我再给您重新倒一杯。"

人需要一种豁达的胸怀，需要让自己大度、超脱。如果对方看到这种品质，就会产生好感，继而加深合作，实现沟通的目标。

第九章

沟通是管理的浓缩之上行沟通

避免尴尬的迂回式沟通

许多人虽然很自信，但是做事有些急。俗话说："心急吃不了热豆腐。"只有慢工才能出细活儿。沟通是非常耗费功力的，它不仅需要一个人有耐心，还需要他有胆量和过人的智慧。换句话说，沟通考验的是一个人的综合能力。但是现实中，总有一些急于表现自己的家伙，他们在与上司的沟通中节节败退。

有一个人叫迪布朗，他在一家通信器材公司负责区域营销。迪布朗所在的公司并不是通信巨头，推出的产品也一直不温不火，在区域市场内的占有率一直比较稳定。就在这时，一家世界级通信公司在该区域设立了专柜，这对迪布朗的公司造成了巨大冲击。

迪布朗作为该区域的区域经理，必须及时与公司老板进行沟通，并且协商出一个应对策略。迪布朗来到公司总部，找到公司老板。他对公司老板说："老板，告诉您一个不幸的消息。"

老板听到"不幸"二字，脸上流露出不好的神情。老板还没有反应过来，迪布朗便说道："老板，一家国际巨头来到我的区域。它刚刚营业，销量就超过了我们。"

听到这句话，老板的脸变得更黑了。迪布朗看到老板的脸色，不知道是否要继续说下去。当他鼓起勇气准备继续的时候，老板问迪布朗："你有什么看法？你讲一下吧。"

事实上，迪布朗并没有什么看法。他来这里的目的，只是向老板请示意见而已。这样的沟通非常尴尬。迪布朗是个老实人，而且是个心直口快的人。他直言不讳："老板，不知道降价促销的方法是否可行？我也没有想到更好的办法，所以才向您请示。"

老板非常生气，其实他很早就知道国际巨头的到来会造成这样的结果，只是一时半会儿也没有想到更好的对策。迪布朗的这种冲动让他非常不痛快。于是这位老板对迪布朗说："迪布朗先生，要不然就按照你说的办，你出门的时候，顺便去人事部办理一下工作交接。"

因为自己的冒失和冲动，迪布朗丢掉了工作。

职场上，这样的冒失鬼还有很多。他们的冒失和冲动不但没有解决问题，反而让问题恶化，给上司留下了非常不好的印象。一个聪明的人，从来不会冒失，他会做好一切沟通准备，用一种迂回的方式向上司汇报工作，并给上司留下好印象。

某商业银行正在开展清收工作，负责该业务的主管周涛压力非常大。其中有一家公司，是清收工作的重点和难点。该公司经营不善，甚至连工人的基本工资都无法按时发放。他有一个想法，就是借助银行的背景和资源，帮助这家公司做营销，然后收回贷款。但是，周涛并没有这个权限，他只能向银行行长请示。

周涛先是向行长汇报了近期的清收状况，并且以数字、表格的形式向行长呈现。行长看过以后，便知道了清收工作的现状和压力。于是行长问周涛："这家老大难公司的情况如何？"

周涛便开始介绍这家公司的现状："这家公司是家传统冶金公司，在当前的环境下，遇到了非常大的经营发展难题。员工工资已经拖欠了两个月，产能减少了60%。内部人士反映，现在产品价值虽然有上升的苗头，但是冶炼成本无法下调控制。也就是说，未来几个月里的清收工作还是非常棘手的。”

此时，周涛拿出了该公司的照片以及产品价格表和产品库存表。行长看了之后就有了一个想法，于是对周涛说：“既然这家公司面临这样的情况，我们能不能帮助它卖产品，然后再清收贷款？这样对客户、对银行都有好处。”

其实，周涛早有这方面的想法。他只是需要上司的确定意见以及授权书。行长对他进行了授权，并允许他借助银行的人脉平台去帮助这家公司做营销，再进行清收工作。周涛的迂回式沟通发挥了作用，他不仅达到了沟通目的，而且让自己的上司了解了清收工作的艰巨。

有人说：“下级与上级沟通，是一种不对等的沟通。在沟通时，下级要谨慎一点、小心一点、聪明一点、委婉一点，既要让上级认同自己的观点，又要让上级做出有效的安排和指示。”委婉迂回的沟通是一种战术，也是一种权衡和博弈。上司是授权人，也是控权人，员工只有站在上司的角度，与上司的思想保持高度一致，才能够把沟通工作做好。

解决问题的汇报式沟通

一听到“汇报工作”，许多人就会喊头疼。有一位“90后”的年轻人说：“我最讨厌汇报工作了。”问他原因，他的解释是：“关键不知道说什么。”一提到“汇报”二字，人们马上就能想到一个画面：下属对着上司，拿着表格，抑或笔挺地站着进行汇报，比如汇报当天的工作业绩、市场变化等，汇报完毕之后，上司再做一番总结，发布新命令。单纯从这个画面来看，汇报工作并不难，汇报式沟通也是如此。

一位商业银行资深行长认为：汇报就是一门功课。如果一名员工不懂得汇报，他就无法胜任自己的工作。当然，只懂得汇报、不懂得行动的人也是如此。某世界500强企业的总经理则认为：许多人把汇报当成一种形式，并认为这种形式可有可无。事实上，这样的形式非常重要。老板想要了解事情，唯有通过这种汇报式沟通。一位资深管理专家也有相似的看法，他认为：掌握汇报的技巧，是对自己工作的一种总结。言外之意是，一个人想要做好汇报，首先要进行整理和总结。江口克彦在《我在松下三十年——上司的哲学下属的哲学》一书中写道："对于上司来说，最让人心焦的就是无法掌握各项工作的进度。如果没有得到反馈，以后就不会再把重要的工作交给这样的下属了。所以要知道，虽然只是一个简单的汇报，却能让你得到上司的肯定。"由此可见，汇报工作是非常重要的一项工作。那么如何才能做好汇报工作呢？

第一步，要把汇报的准备材料落实到位。笔者始终支持"数据为王"的观点。汇报工作，必须要有数据作为支持，才具备足够的说服力。这些数据，就是汇报前要准备的材料之一。准备工作可繁可简，但是必须要做。如今，市场风云变幻，市场数据处于一种不断波动的状态，时而涨，时而落。涨与落之间，存在着一种规律。因此，人们需要通过整理，将这一规律变化的表现形式展示出来。通过整理，自己有所得，也给上司提供决策依据。

第二步，要把汇报的主次顺序理顺。如果仅仅是每天例行汇报工作，仅仅是汇报一件事，就不存在主次之分了，把需要汇报的内容汇报完毕即可。但是，如果是一周汇报或者月度汇报，就是一件非常重要的、涉及方面较多的工作。因此，汇报人需要对汇报的项目进行主次划分，明确哪些事重要，哪些事不那么重要，然后按照主次顺序进行汇报。通常来讲，先汇报比较重要的事项，再依此类推。这样做的目的就是让上司分清主次。

第三步，要把汇报所需的“工具”落实到位。在汇报材料整理到位后，还需要落实沟通汇报所需的“工具”，比如表格、数据单、PPT等。这些“工具”能够帮助人们更好地、更鲜活地呈现汇报的主题内容。“工具”与材料的功用有所不同。材料更多是文字上、思想上、语言上的，而“工具”则是一种呈现媒介，它也可以是各种时下流行的电子产品。

第四步，要调整好汇报所需的情绪。有人害怕汇报，与其说是害怕汇报，倒不如说是害怕上司，害怕上司的批评，担心给上司留下不好的印象。有一名年轻人说：“如果汇报的地方有什么疏漏，老板一定会失望的。”事实上，这样的担心完全是准备不充分产生的。如果把前三步工作落实到位，这样的担心就会减轻。除了克服这种担心情绪外，汇报人还要让自己保持自信的状态，要在上司面前抬头挺胸，呈现出一种积极向上的状态。

第五步，要检查自己的服装、仪表。汇报工作，也是一门沟通的学问。想要让沟通产生积极的效果，就要给上司留下良好的印象，比如整齐、庄重的着装，干净的面孔。给人一种良好的、干净的印象，也是对人的一种尊重。因此，在汇报工作之前，汇报人要对自己的仪表体态、整体着装进行一番检查和整理。

以上五步工作是汇报工作的整理部分，也是汇报工作核心关键的部分。只要人们做好这样基础性、关键性的准备，就能够把汇报工作落实到位了。

不顶撞上司，敢于接受批评

工作中的“80后”“90后”是一股年轻的力量，将继续推动社会的发展。“80后”“90后”与“60后”“70后”有着比较明显的区别。比如，“80后”“90后”更加有个性，不喜欢被约束，难以接受各种批评，喜欢自我标榜，创新能力更强。而“60后”“70后”则相对沉稳且保守。如果一名“60后”能够接受领导的批评，“80后”恐怕是相反的。当然，凡事无绝对，每一个个体都是不同的，对待生活的态度、人生的态度也不尽相同，这些不同，会对人们的日常工作产生影响。

一位年轻银行客户经理小吴，是典型的“90后”。“90后”有一个特点——自由随性。小吴也是这样一个人，喜欢自由，不喜欢严肃和被批评。有一次，小吴拜访一名客户，给客户制订了一套家庭理财方案。起初，双方谈得非常顺利。当拜访就要结束时，客户却突然改变了主意，对小吴说：“吴经理，我再考虑一下吧，我有一位朋友在保险公司，我也想听一听他的理财建议，谢谢。”

小吴内心有些失落，但是还是对客户非常客气：“非常感谢您，如果有需要，您可以随时与我联系，谢谢。”

小吴并没有得罪客户，也给客户留下了比较好的印象。回到工作中的小吴，因为这次受挫情绪上有一些低落。当然他情绪低落的原因还有一个，就是当月任务没有完成。到了下午，小吴向行长汇报工作。行长听完了汇报，结合小吴近期的表现，对小吴说：“工作还要继续加把劲啊，不能坐以待毙，要主动‘跑’出去。像你们‘90后’，更应该有这样的拼劲，不能懒惰。马上就要月底了，对比一下其他人的工作进度，你是不是应该反思一下，客户为什么选择保险理财而不选择银行理财？”

事实上，行长的这番话并无批评之意，但是小吴非常敏感。他对行长说：“我真没偷懒，是那位客户的朋友在保险公司，所以他捧他朋友的场，没有捧银行的场。”

小吴的顶撞让行长有些尴尬，他开始用一种批评的语气对小吴说：“难道你的工作和服务就这么扎实到位吗？年轻人不要推卸责任，如果是客户对你的工作和服务存在看法呢？你能证明客户确实有一位朋友在保险公司吗？”

行长的这番话让小吴哑口无言。回到工作中的小吴，心情依旧十分低落，他始终不明白，行长对自己的这番批评有何意义和价值。

事实上，与上司抬杠或者对抗是没有意义和价值的。与上司沟通时，人们应该坚持以下几个原则。

1. 换位思考原则

上司批评你，自然有他批评的理由，比如你工作不到位、业绩差、工作时开小差、被客户投诉等。虽然他的批评不一定客观公正，但是如果你站在上司的角度思考，或许就会觉得这样的批评是很自然的。因此，人们要学会换位思考，能够站在上司的角度重新思考批评这件事。比如，他为什么选择批评？他批评想要达到什么样的效果？人们能够学会换位思考时，也就能够接受上司的批评了。

2. 履行职责原则

有一位企业管理者说：“上司批评下属，通常是在履行一种职责。”批评并不是目的，批评只是一种工具，管理者借助这种工具达到管理的目的。因此，人们大可不必把被上司批评当作一件损害自尊心的事。批评只是批评，批评只是与工作相关的一种工具。如果批评仅仅是例行公事的话，人们也就没有理由去拒绝它，或者因此去顶撞上司。上司批评下属是履行职责，下属接受批评同样也是履行职责。

3. 不计较原则

现实中有许多员工顶撞上司的案例，究其原因，要么是员工的自尊心受到了伤害，要么是员工觉得上司的批评野蛮而无礼。其实，这都是一种特殊的自尊心在作怪，抑或是员工把上司的批评放大了。顶撞上司，并不是一个能够获得广大职场人支持的行为。因为上司的批评而攻击上司，通常只是一种心胸狭窄的表现。因此，人们应该大度一点，不要去斤斤计较。

除此之外，人们还要让自己保持一种相对积极的状态，能够把上司的批评当成一种劝导。有人说："批评使人进步。"如果你能够接受上司的批评，并且对自己的工作进行重新核查，恐怕上司也就找不到批评你的理由了。

尊重上司，不议论是非

商业银行一直奉行一条原则：客户是对的，而且永远都是对的。这条原则也就消灭了另一条原则：如果客户是错的……也就是说，在商业银行经营者的眼里，客户永远都是对的。客户是上帝，是商业银行发展的动力源泉。笔者还要提一种动力，那就是上司。上司也就是领导，在一个企业、部门具有说一不二的权力，这种权力具有拉伸效果，它能够起到与客户相同的作用。于是就引出了一条新原则：上司是对的，而且永远都是对的。

有人会质疑："客户是对的，是容易理解的；为什么说上司永远都是对的呢？犯错误的上司还少吗？"与其面红耳赤地去争论，倒不如把上司当成上帝去尊重。现实中，能够做到这一点的人少之又少，许多人只是做表面功课而已。

有一名叫约瑟夫的人，他是某银行的大客户经理。他是一位资深银行客户经理。他有一位客户非常令他人羡慕，这位客户是当地的首富，拥有数亿财产。因此，约瑟夫每年都能够从这位客户身上取得不菲的佣金提成。约瑟夫虽然赚了钱，但是他的人际关系出了一些问题。他非常讨厌他的上司——一位50岁的秃顶男人。他常常在背后讽刺、挖苦他的上司："他应该是那种吃灵丹妙药也长不出头发的人。"

事实上，他的上司马文先生是位温文尔雅的人，并不像他想象那样。他们之间的矛盾，无非是源于二十年前的一桩私事。马文始终装作不知道，用这种方式迁就着约瑟夫，并希望约瑟夫能够放下对自己的偏见。后来，马文去了总行工作。总行委派了另一名上司来这家银行负责管理工作。这名新上司刚到这里，便对客户资源进行了重新分配，约瑟夫因此失去了财源。对于新上司的这个做法，约瑟夫非常生气。

他总是在背后发牢骚："这个人真是坏透了，这种做法，完全是在害人！"他几乎成了一个怨妇，甚至把这些坏情绪倒给自己的客户。比如，他对自己的客户说："亚当斯（新上司）夺走了我二十年辛辛苦苦打拼的心血。"客户劝他："约瑟夫先生，您完全可以跟他沟通交涉一下，想必他并不知道里面的缘由。"

约瑟夫并没有跟新上司就此事进行过沟通。后来马文找到他，跟他谈话："约瑟夫，我想你还是应该跟亚当斯当面沟通一下。事实上，你在背后说的那些话，他早就知道了。世界上没有不透风的墙，纸终究包不住火。"

约瑟夫听了老上司的话，有一些动容，他问约瑟夫："之前我背后说的那些坏话你也知道？"

马文笑着说："如果我们不是朋友，恐怕早就有你受的了！"

约瑟夫意识到问题的严重性：背后说上司的坏话，很有可能彻底毁掉自己的前程。于是，他找到了新上司，并与他开诚布公地谈了一番。亚当斯并没有责怪他，反而语重心长地对他说："总部每做出一次决定，都是痛苦的。这么做也是出于银行发展的目的。我与你并无仇恨，怎么会随便毁掉你的饭碗呢？"

看完这个故事，人们会发现，约瑟夫遇到了两位好上司，这两位上司都是心胸宽广的人，并没有与他斤斤计较。如果约瑟夫遇到的上司是一个喜欢“较真”的人呢？恐怕约瑟夫的前途真的不保了。在笔者看来，一名员工不仅要想办法保全上司的面子，维护上司的形象，更要做一名谦谦君子，不在背后议论他人是非。

哲学家康德认为，有两件事物越是思考越觉神奇，心中也越充满敬畏，那就是头顶上的星空与内心的道德准则。不在背后议论他人，就是一种道德。现实中，人们都非常讨厌那种在背后议论他人长短的人。例如，有一位职场女性，因为与上司存在一点过节，便跑到网络上散布诋毁上司的诽谤信息，最后上司拿起法律武器将其告上了法庭。这位职场女性不仅为自己的不道德行为付出了代价，还因此丢掉了工作。还有一些人，特别喜欢关注上司的私生活，巴不得他的私生活乱成一锅粥，自己可以散布谣言。总之，对于这些不道德的行为，人们应该远离。

工作中，人们要尊重自己的上司，不议论上司的是非，保持自己的形象，让道德约束自己的行为。

以请示汇报代替说服的沟通

人在职场，哪能不请示？向领导请示工作，是非常普遍的一件事。自己的职权受限了，就需要请示授权的问题。有一位职场人说：“请示工作几乎发生在每一个人身上，即使你是保卫人员，有问题也要向上级请示。”职权范围内解决不了的，需要请示；模棱两可拿不定主意的，需要请示；存在的问题无法解决的，需要请示。请示工作是一种下级对上级的沟通，旨在通过请示解决工作问题。

有一名邮递员，他叫汤姆逊。他的工作很简单，就是负责片区内所有邮件的派送工作。这种重复的、钟摆式的工作并不难，套用汤姆逊的一句话就是："我闭着眼睛也能把所有的邮件挨家挨户扔进邮箱里。"这是一种熟能生巧的本领，似乎其他邮递员也是这样的。

但是有一天，发生了一件突如其来的事情。警方接到通知，据说汤姆逊派件片区内有一个炸弹邮件，如果犯罪分子引爆炸弹，将会造成悲剧。警方通知汤姆逊将所有的邮件集中运至一个空地，由专门负责拆弹的专家进行检查。问题来了，汤姆逊只是一个打工的，他没有处理所有邮件的权限。因此，他只能向上级进行请示，以取得相应授权。

汤姆逊打电话给自己的上司，他如实向上司描述了情况。他的上司也在同一时间失去了主意，毕竟集中检查这批邮件需要跟每一位客户进行说明。于是他对汤姆逊说："你要通知到每一名客户，向客户说明这样做的原因。只有这样，你才能把邮件集中运送到'第三方场地'。"

汤姆逊问："如果因检查造成了损失，我们还是按照公司规定赔付全款吗？"汤姆逊必须要解决这个问题，要不然造成的损失需要他自己承担。为此，汤姆逊继续请示，希望将自己的责任支出去。经过多次沟通，上司给他签了一个"免责"协议，这次"免责"仅限于该次派件业务。拿到"免责"协议授权指令后，汤姆逊先是通知了所有客户，然后按照警方的要求，将所有的邮件运至指定的"第三方场地"进行检查。

经过 24 小时突击检查，警方并未从这批邮件中发现炸弹。加之汤姆逊负责任的态度，所有的邮件都没有损坏。

汤姆逊是一个聪明人，他非常懂得请示工作。通过请示他解决了三个问题。第一个问题，授权的问题。在职权范围内，他并没有将邮件运输到"第三方场地"的权限，通过上司的授权，他才能这样做。

第二个问题，给答案的问题。解决问题的答案可能有几个，但是做选择的权力理应交给上司。只有上司拍板、认可的事情，汤姆逊才能做。第三个问题，免责的问题。遇到事，人们常常会想：这件事会不会给自己带来麻烦？如果带来了麻烦，该怎么办？这就需要请示，通过请示给自己免责。汤姆逊通过请示解决了这三个问题，自然就能够按照警方要求处理这些邮件了。

请示是一种沟通，那么，如何才能做好请示沟通呢？

1. 及时汇报

请示是一种汇报，但是请示与常见的汇报有一个明显的区别。常见的汇报，通常是定时、定点的，比如上班之后或者下班之前，抑或周末之前或者月底之前，常见的汇报更像一个定期的沟通工作。请示有明显的时效性，某个时间段内发生了问题，就需要员工在该时间段内解决。因此，人们遇到了自己无法解决的突发问题，就需要在第一时间做好请示工作。

2. 给出选择

如果是请示授权或者寻求答案，员工应该在请示时向上司提供几个选项，比如A选项、B选项、C选项，然后让上司拍板。有人问："为何我们不让上司直接给出答案呢？"事实上，对于许多发生的事情，上司因不在场而无法做出准确的判断，只能通过员工的沟通和汇报了解些许片段，并做出选择。因此，人们在请示之前应该做好准备工作，尽量让上司做选择题。

3. 关键请示

不要什么问题都请示，复杂的问题请示，简单的问题也请示。一家商业银行的行长，除了忙于管理工作外，并没有太多闲暇时间。因此，员工在请示中，尽量选择重要的、关键的、无法决定的事情。如果员工鸡毛蒜皮的事情都要请示，恐怕会把上司“累死”。

请示是一种沟通，是一种迂回的说服战术。如果员工直接问上司要答案，或者逼着上司做出让步，恐怕只能让问题越来越复杂。

第十章

沟通是管理的浓缩之下行沟通

掌握正确传达命令的技巧

如何才能胜任领导干部的角色呢？对于这一问题，想必许多人都会说出这么几个词，人品好、有气场、有决策力、充满了智慧、平易近人、有统率力等，总之与领导力相关的形容词许多人都可以说出来。但是有一些著名的企业家、管理专家以自己的亲身实践证明，只有会沟通的领导才是会管理的领导。因此也就有了那句管理名言："管理就是沟通、沟通、再沟通。"对于一名领导而言，掌握有效的下行沟通是非常重要的。在所有的沟通中，能够正确向下属传达命令则更加重要。俗话说："一个不会下命令的领导不是好领导。"说到底，领导的主要职能就是向下属传达命令。

传达命令是商业银行管理中的基础元素，也是极重要的元素。银行行长是一个带队伍的人，也是一家商业银行的掌门人，人们把这个角色比喻成一支部队的将军。将军带领队伍打仗，就要向士兵传达命令。比如，某团负责冲锋、某团负责支援、某团负责两翼包夹等。只有命令传达到位，部队里的每一个人才有自己的具体任务，知晓谁负责射击、谁负责掩护、谁负责支援等。传达命令是一名商业银行管理者的必修课。传达命令是一种沟通，只有掌握了传达命令的技巧，商业银行管理者才能把这项工作落实到位。

首先，商业银行管理者要对命令进行反复核实。命令有两种，一种是上级单位下达的命令，另一种是本单位研究并颁发的命令。对于上级单位下达的命令，管理者需要对其进行理解、感受、领悟，并且能够从命令中提取出核心精髓。命令得到了提炼，才更容易传达。如果是本单位针对某项活动的开展而颁发的命令，还需要管理者准备相关材料，并对该命令进行充分论证。有一位行长说："命令是经过反复推敲才形成的。"如果这个命令存在"无法执行"或者"无法落地"的缺陷，即使把命令下达下去，也无法形成执行力和凝聚力。故此，商业银行管理者要对命令进行反复核实。

其次，商业银行管理者要对命令的权威性进行确定。现实中，人们常常遇到"朝令夕改"的现象。"朝令夕改"的问题在于，命令不具备权威特征，遭遇挑战。对于管理者而言，树立命令的权威性是非常重要的。命令之所以是命令，就是因为其不可怀疑、令人无条件服从。如果命令变成了可商量、可怀疑、可不服从，即使传达下去，恐怕也难以发挥管理效力。命令不能说改就改，命令不是儿戏。

再次，商业银行管理者要对命令进行量化处理。通常来讲，一个命令都是具体的命令，不是含混不清的命令。有一位糊涂老板，下达的命令也是含混不清的。员工不知道如何执行，便问老板："老板，没有指标啊，怎么去完成它？"这位老板说："你们尽力去完成，比之前有进步就行。"没有具体的指标，员工执行任务时就会因缺少"衡量标准"而难以执行。所以说，商业银行管理者要把命令充分量化，比如可以借鉴"5W2H"法对命令进行分解，明确什么时间执行、在哪里执行、谁去做、为什么去做、需要做哪些工作、怎样去做、做多少工作等。命令得到充分量化，员工拿到命令之后就不会不知所措了。

最后，商业银行管理者要和善一点、客气一点。现实中，有一些管理者喜欢显示权力，显示其高于他人的地位，在下达命令的时候，也是一副趾高气扬的样子。但是人们发现，越是以这样的态度下达命令，越容易导致命令失效。比如，有位领导趾高气扬地下完命令刚刚转身离开，员工们就开始纷纷讨论起来："我们的领导，简直比皇帝都要厉害，瞧瞧他那副样子，早晚要出事。"员工们对他有怨气，自然就能敷衍则敷衍，能偷懒则偷懒。如果这位领导态度客气，用词妥当，总是给员工一种和蔼可亲、平易近人的感觉，员工就会顺利接受命令。

除了以上四个方面，商业银行管理者还要加强对自身道德、知识、眼界等方面的建设，让自己处于一个有竞争力、有说服力的"权威"位置上。只有这样，下达的命令才具有权威性、不可怀疑性。

发现部下的优点，多一点赞扬

北宋时期，有一位县官。这位县官铁面无私、不苟言笑，既是位好官，又是位清官。他对待自己的部下非常严厉，如果听到谁犯了错误，决不姑息。许多人都怕他。因为此人姓阎，于是人们在背后偷偷喊他"阎王"。

有一次，捕快抓住一个小偷。县官非常讨厌"小偷小摸"，于是打算严惩以儆效尤。按照当时律令，小偷小摸不算重罪，不至于被判处极刑，小偷挨足了板子后就被扔进了大牢。没有想到的是，这个小偷有"飞天遁地"的本领。趁着衙役交接班，他竟然成功逃出了大牢。

听到小偷逃走的消息，这位县官非常生气。他先是对看守牢房的衙役进行了一番严厉的批评，然后下令捕快们去缉拿这个逃跑的小偷。经过连续两天两夜的追踪，捕快们将小偷缉拿归案。按理说，捕快们短时间抓回小偷应该获得奖励，但是这位不苟言笑、无比严肃的县官说："知道小偷为什么逃跑吗？主要还是因为你们的责任心不够！如果你们工作认真一点，能出现这种问题吗？"捕快们听了之后，心里很不是滋味。其中一名捕快说："这个'阎王'，真是一个'活阎王'啊！做错事的是看守牢房的衙役，与我们何干？"

故事中的“阎王”是一名好官，但是没有成为好人。人人都喊他“阎王”，由此可见，此人的人际关系工作做得很不到位。如今，许多领导也是如此。在他的世界里，员工做的工作永远都是应该的，不需要表扬。甚至有一些领导认为：员工是不能被领导夸奖的，一被夸奖，他们就飘飘然了。工作做到位了，属于应该尽到的责任和义务；超额完成任务，也仅仅是自我价值的体现。当然，还有一些领导则认为：做得好有奖金，多劳多得。夸奖、表扬这些东西，都是虚的，没有什么用处。果真如此吗？

有一位银行行长，特别文雅有涵养，脸上总是挂着笑容。员工说：“我们的行长今年已经54岁了，脸上一点褶子都没有。真是验证了那句话，心态好的人年轻！”

这位行长最大的特点就是喜欢鼓励、夸奖员工。比如，有一位大堂经理的服务工作非常出色，他被评为“十大服务之星”，行长便开表彰会表扬这位大堂经理。表扬完之后，便是一番语重心长的勉励：“切莫骄傲自满哦，要继续坚持并发扬下去，才能让自己发光发热。”这番勉励的话，让大堂经理感到非常幸福。

有一位银行职员捡到了客户丢失的重要文件，并打电话让失主认领。失主感谢了这位职员，并送上“拾金不昧”的锦旗。随后，这位行长也进行了点名表扬：“拾金不昧是一种精神，也是一种美德，体现我们银行人的职业形象，我们每个人都要向他学习！”这位行长的表扬并不浮夸，总是能够恰到好处。表扬结束之后，便是一番勉励。

这位银行行长认为：人人都爱面子，面子有时候胜过里子。但是面子和里子是相互作用的。员工做对了，做得好，为什么不表扬一下呢？表扬，既能满足员工的爱面子需求，又能温暖他们的里子。另外，表扬是一种认同和肯定。一个人将工作做到位了，本身就是一件值得肯定的事。

银行行长的表扬和肯定，也换来了员工们的积极响应。他们工作积极，态度端正，整个银行充满着朝气和正能量。

那些不苟言笑的领导们，为什么没有选择用表扬的方式肯定员工的行为呢？因为他们没有发现员工身上的闪光点。有人说："世界上的每一个人，不论男女老幼，都是一朵花。"花是什么？花是美丽的象征。言外之意是，世界上的每一个人都有闪光点。因此，领导们要拥有一双发现闪光点的眼睛，对正面的、美好的事情及时给出积极的评价。

另外，领导的表扬和赞美也要诚恳一点、实在一点。现实中，有一种"笑面虎"领导，这种领导脸上虽然挂着笑容，偶尔也会对好人好事进行一番表扬和肯定，但是总给人一种虚伪的感觉。表扬和鼓励都要发自内心，只有由衷赞美并表扬一个人，才能给人展现一张诚恳的面孔、良善可亲的面孔。

有位哲人说："时时用使人悦服的方法赞美人，是博得人们好感的好方法。记住，人们所喜欢别人加以赞美的事，便是他们自己觉得没有把握的事。"由此可见，善用表扬的领导才是会沟通的好领导。

有理有据，适度批评

过度表扬或者绝对批评都不行，两个极端的做法都会导致严重的不良后果。过度表扬，容易让人心生骄傲；绝对批评，则会挫败一个人的自尊心。表扬，应该是一种恰到好处的表扬；批评，也应该是有理有据、恰到好处的批评。

俗话说："金无足赤，人无完人。"犯错是很常见的现象，领导对犯错的员工进行适当批评是无可厚非的事。适当批评，是有积极意义的。领导借助批评式沟通能够让员工感受到错误以及错误的后果，从而改正错误，避免不良后果。有一名员工在生产车间吸烟，吸烟是严令禁止的行为。这名员工的吸烟行为被监控器拍到，车间主任果断制止了他的违纪行为，并对他进行了较为深刻的批评："难道你不知道车间为什么禁烟吗？为了防止爆炸！在车间里吸烟非常危险，以后决不能再犯这样的错误。"员工明白了在车间吸烟的严重后果，自然就会改掉这个毛病了。

批评是一种沟通，也是一门艺术。或者说，一名管理者要掌握批评的技巧，才能让批评发挥作用。在笔者看来，这样做就是为了让对方接受批评，并改正自己的错误，人们可以将批评的过程看成一个艺术再加工过程。现实中，许多管理者难以把握批评的度，就呈现出两种后果。

某企业开展组织纪律周活动，在活动期间，凡是迟到、早退者，都会被扣罚全月奖金。这个活动的要求非常严格，所有的员工都高度重视这件事。百密必有一疏，还是有一名员工迟到了。因为交通堵塞，这名员工迟到了五分钟。他的上司非常生气，对他展开了一番批评："难道你不知道组织纪律周的重要性吗？我三番五次地强调，结果你还是犯错了！如果你不珍惜自己的前途，我也留不住你。这个月的奖金没有了，你必须要做深刻的检讨。你一个人迟到，让整个部门丢脸！"

错误已经犯下，但是因交通堵塞迟到五分钟的错误能有多大？一名管理者因为这样一件事而小题大做，甚至上纲上线，确实非常没有必要。这名员工遭到这样的批评后，忍不住掉下眼泪。后来他说："不就是一次迟到嘛。你按照活动的规定扣罚奖金不就完了，难道就因为我迟到了五分钟，公司就要倒闭了？"

管理者必须改变这种训斥式的批评沟通方式。因为它一方面难以令人接受，另一方面难以达到沟通效果。这种训斥式的批评更像是一种威胁式的语言暴力，人们要完全拒绝它。有位哲人说：“人皆有自尊心，即使批评他，也要给他留点面子，落水狗不可痛打，打急了，它会反咬你一口。”人人都有自尊心，过于严厉的批评是绝对不可以有的。

一家公司发生了一件大事。该公司的财务总监吴某因为挪用公款购买银行承兑汇票从中赚取利差，给公司造成了极坏的影响。该公司老总与吴某关系一直非常亲密，他只是采取了一种非常温和的批评方式：“以后尽量不要做了，年薪都这么高了，还缺钱吗？”这位财务总监表面上答应了老总，实际上还在背后继续这样做。

半年之后，吴某的行为再次被举报。公司老总依旧采取一种姑息、温和的态度。有一位内部人士说：“老板没有魄力，企业早晚会毁在他的手里。”这句话不幸言中。三年之后，这家公司倒闭了。

管理者的这种姑息式的批评，不但没有起到批评的作用，反倒助纣为虐。一名管理者，既要批评得恰到好处，也要保持批评的力度和批评的权威性。如果把批评改成了一种商量，那就不是批评。员工犯了错，不能姑息，也不能商量。换句话说，批评是严肃的，不是闹着玩的。一位管理者只有让批评既严肃又权威，既能够被员工接受又能让员工警醒，才能使批评沟通达到预期效果。

有一位商业银行行长对此很有经验，他说：“批评是管理助手，没有批评是不可以的。但是如何才能让批评更有效呢？我的做法是，先适当表扬或者肯定，再进行适当批评，最后必须要给出解决问题的方向。”这种先表扬后批评的方式是一种非常好的批评方式，也更利于相关问题的解决，非常值得广大银行管理者进行尝试。

妥善处理冲突的六大法则

领导就是一个组织里能够起到引领、教导作用的人。领导的“领”，就是指领路、带路，或者把最沉的重担肩负起来；领导的“导”，是教导、指导之意。在一个组织中，领导是导师，还是教练，需要传道授业解惑。不管是领路还是教导，领导首先要把沟通工作做到位。有人问：“如果领导与员工在沟通中发生了冲突，该怎么化解呢？”

现实中，许多领导是宽宏大量的，拥有宽广的胸怀。与下属斤斤计较，既不能显示其高大伟岸的形象，也不会让他得到什么利益。与其与下属发火，倒不如想方设法化解冲突。妥善处理冲突主要有以下六大法则。

1. 多做自我批评

许多领导在批评员工时，也会把所有的责任一并推卸给员工，并认为这一切都是员工犯下的错。比如，一位企业老板说：“员工犯错了，就是他犯的错，任何人都不能替他背黑锅。”但是说这句话的时候，这些领导干部有没有觉得脸红呢？员工为什么会犯错？是不是领导也应该承担一部分监管、教育的责任呢？当一名员工犯错的时候，做领导的首先要反思自己的过失，多做自我批评。俗话说：“子不教，父之过。”上下级之间虽然不是父子关系，但是也存在教育、管理的关系在里面。员工出错了，领导就把全部的“锅”都甩给员工，这样做是不公平的。

2. 主动放下架子

冲突进一步加剧的原因，十有八九是领导与员工都不愿意放下架子，给对方一个台阶下。如果冲突进入了白热化，领导作为一名上司，应该主动放下架子，给员工一个台阶下。现实中，许多领导干部不仅不放下架子，反而装得无比高大，即使坐着也要比自己的下属高半头。这样一来，冲突的气氛会更加紧张。放下架子并不是放弃原则，而是换一种方法去沟通。世界上缓解矛盾的方法有很多，唯独这个“怼”字，是有百害而无一利的。放下架子也不是妥协，而是重新寻找一种平衡。

3. 不与下属争论

现实中，发生冲突时许多领导的嗓门比员工的还要大。那些脾气大、嗓门大的领导，发起脾气来简直比打雷还要吓人。有一名员工说：“我们的领导，发起脾气来简直是暴跳如雷，甚至用‘狮子吼’来形容都不为过。”当然，雷霆之下员工会妥协，但是这种妥协并不代表问题得到解决，或许问题会比之前更加严重。员工会转入一种“非暴力不合作”的状态，口头答应，实则暗中消极对抗。俗话说：“有理不在声高。”如果领导有理，就应该说理，而不是选择争论。争论只会令问题更加严重，不会让问题得到妥善解决。

4. 请人化解争端

俗话说：“当局者迷，旁观者清。”如果冲突到了不可调和的地步，而双方始终处于紧张的对抗状态，请一位旁观者去游说，或许能起到很好的效果。某银行行长与业务主任因为业务问题产生了分歧，进而争执起来。行长说：“走到现在这个地步，已经不知道谁对谁错了。只能找个中间人来谈一谈了。”于是，银行行长找到资深副行长，副行长开始两边游说。一周之后，冲突彻底被化解了。原因很简单，陷入迷局的两个人得知自己所犯的错误之后，自然就会产生反省之意了。

5. 寻找化解时机

冲突并不是在某一个时间点产生的，而是经历了一个过程。时机，就是运动中的“点”，当这个“点”运行到某个位置时，恰恰就是解决问题的最佳时刻。比如冲突过程中有了一丝松动或者缓解的迹象，或许就是化解冲突的最好时机。因此，一名领导要紧盯这样的机会，发现这样的机会就千万不要错过。

6. 切莫斤斤计较

松下幸之助认为，以温柔、宽厚之心待人，让彼此都能开朗愉快地生活，或许这才是最重要的事吧。所以，松下幸之助用优待式的人性化管理缔造了自己的商业帝国。古人云：“泰山不让土壤，故能成其大；河海不择细流，故能就其深；王者不却众庶，故能明其德。”这句话同样表明，要做一名宽宏大量的人。如果一名领导总是喜欢斤斤计较，心眼比针眼还小，恐怕会永远活在各种冲突和纠结之中。只有那些拥有宽广胸怀的管理者，才能化解纠纷，解决沟通难题。

冲突不是一个好东西，它对商业银行的经营管理有较为严重的破坏性。对于一名银行管理者而言，解决各类冲突才是施政的第一要素。

兼听则明式沟通

俗话说：“兼听则明，偏信则暗。”为了弄清楚一件事情，管理者需要广泛听取意见。如果只听某个人的意见，处理事情就会有纰漏。

古代有一位皇帝，这位皇帝亲小人、远贤臣，是不折不扣的昏君。某一年，天降暴雨，暴雨连续下了数十天，该国成了泽国，民不聊生。有些地方开始暴发瘟疫，简直可以用“惨绝人寰”来形容。此时，有一位地方官员向皇帝请愿：“皇上，我所在的地区洪水泛滥，现在已经暴发了瘟疫，请求国家拨粮赈灾。”

皇帝听了之后，并没有及时给出回应，而是让他留在都城候命。就在此时，许多其他地方官员也赶到都城，向皇帝要赈灾用的粮款。国家到了岌岌可危的地步。按理说，这位皇帝应该尽快给出意见。但是这位皇帝被几个小人哄得忘乎所以。

皇帝对小人说："你出个主意听听。"

其中一名小人说："皇上，皇家的粮仓是国家的根本啊，如果您动了皇家的粮仓，国本就会动摇啊！依我看，就把他们打发回去，灾情哪有他们说得那么严重！"

另一名小人在旁边帮腔："是啊皇上，他们就是想让您动国本呢，您千万不要上了他们的当啊！"

皇帝继续问："各地方的官员还都在路上，你们说我还见不见他们呢？"

小人说："皇上，您可以见，只要不答应他们的要求就行了。"

皇帝听了小人的话，便不再听取和采纳地方官员的话，统一给出了意见："你们都回去吧，国库里也没有粮食了，你们自己想办法解决吧。"

这些官员只能无奈地叹息道："难道这是亡国的前兆吗？"

三个月后，灾难终于过去了。但是这个国家已经失去了往日的生机。许多灾民宁可逃到他国流亡，也不想继续待在自己的母国。十几年后，这个国家被另一个国家消灭了。

历史上有许多这样的事情。一个国家的皇帝偏听一人或者一方之言而做出了错误的决定，到了最后才看明白事情的真相，诛杀了小人，但为时已晚。在一个组织内，管理者要学会兼听则明式沟通。

南方某商业银行网点开展开门红营销活动，希望能够实现开门红。这个活动对整个银行的全年工作来讲，都有着非凡的、重要的意义。这家银行的行长老周，就是一个非常讲民主、民意的人。

在制订开门红营销活动方案时，他广泛倾听了所有人的意见。他最后对意见汇总，整理出三种不同的活动方案：一是社区外拓营销；二是商区联动营销；三是园区促销活动。

按照老周的想法，他倾向于商区联动营销。他认为：一家之言并不能代表一切，许多商业银行都在搞民主管理，听取不同的意见。历史上，成功者大多数是兼听者。兼听是一种集思广益的方法。于是，老周组建讨论小组，对三种方案进行集中讨论。最后的投票结果是，社区外拓营销 8 票，商区联动营销 16 票，园区促销活动 3 票。借助这种先民主、后集中的方法，该商业银行进行了商区联动营销，并最终实现了全年首季首月开门红。

《旧唐书·魏徵传》中写道："以铜为镜，可以正衣冠；以古为镜，可以知兴替；以人为镜，可以明得失。"唐太宗能创造贞观之治，离不开这种内外兼听的方法。兼听是一种方法，一种管理手段，一种沟通方式。国内有一位知名企业家认为：如今许多企业都在搞"以人为本"的民主式管理，但是到了最后反而成了"四不像"，原因在哪里呢？其实，有三个问题没有解决。第一个问题，最后到底听谁的？谁去拍板？第二个问题，哪些意见是对的？哪些意见是错的？第三个问题，如何对真假进行判断？如果这三个问题解决不了，也就无法做到兼听则明。从本质上讲，兼听是一种先调研、后民主、再决策的方式，三个环节缺一不可。

兼听并不是让管理者放下手中的决策权，而是让决策权更加正确、有效。多一双眼睛总比只有一双眼睛看得清楚，多一个选项总比只有一个选项更有意义。

第十一章

沟通是管理的浓缩之平行沟通

平行沟通第一招：不抱怨

人与人之间的关系，是靠沟通的方式来维持的。如果没有沟通，人与人也就不会形成关系，比如爱情关系、朋友关系、同事关系等。只要人们产生了关系，必然就有沟通起到的作用。同事之间的沟通，属于一种平行沟通。通常来讲，这样的沟通是一种纯粹意义上的对等沟通。

有一对狱卒，一个叫大毛，一个叫二毛。这两个人，不仅是同级同辈，而且是孪生兄弟。人们都说："孪生兄弟是手拉手、心连心的。两个人是有心灵感应的。"然而，这两个人存在着矛盾。

有一年，监狱关着一名死刑犯。这名死刑犯犯下滔天重罪，需要狱卒们 24 小时严加看管。由于大毛和二毛一起值班，两个人可以商量一下，各值班 12 小时，然后轮换一下。大毛是哥哥，相对而言会让着二毛。于是大毛对二毛说："我值晚上，你值白天。"二毛非常开心，欣然同意了。

第一周，两个人都非常自觉，按照承诺彼此交班、换班。到了第二周，大毛觉得值夜班太辛苦，便对二毛说："二毛啊，不行我们就调换一下吧，一周换一次，天天值夜班，太熬人了。"二毛虽然有些微词，还是接受了大毛的建议："好吧，那就一周换一次吧。”

如果这样配合下去，结果也是非常圆满的。但是问题来了，这名死刑犯得了慢性痢疾，天天需要带出去治疗，而且只能白天接受治疗。此时恰恰轮到了大毛值白班，大毛便对二毛说：“白天我要带着犯人去看病，白天你适当替我值班吧。监狱里不能没有人看管。”迫于无奈，二毛只能接受这个建议。此时，二毛早已经心生不满，他觉得自己吃亏了。

连续多值了几天班，二毛开始向大毛抱怨：“你果然是大哥，我什么都听你的，你却把我当傻瓜使唤。”大毛觉得这话不对头，便问：“我怎么欺负你了？我也没少干活呀。”二毛非常生气，说：“得了吧，你就别装了。起初我还以为你照顾我呢，现在看来，满满的都是套路啊。”因为这点事，这对孪生兄弟结下了梁子，互不来往。

这个故事很有趣，一对孪生兄弟竟然也会闹出这样的不愉快。抱怨的人是二毛，二毛认为大毛做事不公平。实际上，大毛并没有故意欺负二毛的意思，完全是二毛自己想多了。如果二毛选择用一种协商的、沟通的语气说话，两个人也就不会结下梁子。比如，二毛对大毛说：“白天我替你值了班，晚上你能不能帮我值一会班？”想必大毛不会不同意。说到底，还是抱怨惹的祸。故此，平行沟通的一个重要元素就是不抱怨。

首先，不抱怨就要管住自己的嘴。抱怨，通常是一种语言上的发泄。古人常说：“祸从口出。”想要做到不抱怨，就要管住自己的嘴巴。如何才能管住嘴呢？听上去似乎不太容易呀。要想管住嘴，先要管住心。当一件令你不满意的事情发生时，你需要迅速地调整自己的心态，用一种相对积极的方式给这件不如意的事情提供一个可接纳的空间。这样，你就能管住心。一个人管住了抱怨的心，也就管住了抱怨的嘴巴。

其次，不抱怨就要学会接受。每一个人都有优点和缺点。如果人们看到的是一个人的缺点，自然会产生抱怨；如果人们看到的是一个人的优点，就不会产生抱怨。换句话说，人们要学会发现他人的优点，从而改变对他人的看法。比如，两个人闹矛盾，但是其中一个人突然领悟了：想一想这么做很没有意义，对方也是一个蛮单纯、蛮实在的人。单纯和实在，就是一个人的优点。

最后，不抱怨就要保持头脑清醒。或许有人会问："抱怨的人难道不清醒吗？"抱怨的人处于一种情绪不稳定的状态，在这种状态下，对事物的判断会有偏差。如果人们处于清醒的状态，就不会产生冲动的、消极的情绪。自我情绪克制的方式方法有很多，比如养成爱思考的习惯，转移注意力，多看有价值的书等。掌握一种自我情绪克制方法，就能够让自己保持清醒的状态，从而避免被牢骚、抱怨等负面情绪干扰。

抱怨无法帮助人们解决问题，除了徒增烦恼之外，抱怨还会让人给对方留下坏印象。远离抱怨，才能让平行沟通生效。

平行沟通第二招：换位思考

张国荣有一首流行歌《我》，有一句歌词是这样的：我就是我，是颜色不一样的烟火。听众听完了之后，有一种莫名的孤独情绪涌上心头，继而感叹道："我也是如此孤独，世界上根本没有人懂我呀。"虽然真正的知音难觅，但是平行沟通不难做到。

有一位音乐人，有非常好的乐感。或者说，他完全是一位天才。有人说："天才都是孤独的，天才是一朵寂寞开放的花。"不管如何，他一直非常孤独，孤独令他无所适从。于是某一日，他决定寻找一位伴侣一起面对生活。

在一次音乐会后，有一位叫安娜的音乐迷向他送上了爱慕的玫瑰，并表达了对音乐人的爱意。音乐人非常想要摆脱单身状态，便答应了她的交往请求。第一次约会时，两个人去了一家意大利餐厅。音乐人对肉类没有好感，一直奉行素食主义。在点餐的时候，便直接对安娜说："这里的素餐非常不错，我们吃素餐吧。"偏爱吃肉的安娜为了给对方留下好印象，便答应道："嗯，好的。你推荐的餐厅和菜品，一定不会令人失望。"

两个人在约会中，看上去是"相谈甚欢"的，其实并无实质性的沟通可言。音乐人向安娜普及她根本听不懂的音乐知识，安娜只能尴尬地表示认同，并保持一张笑脸。在这样的气氛里，安娜似乎有些疲倦，对和音乐人的约会颇感失望。

一周之后，两个人相约咖啡厅。音乐人还是"以我为主"，点自己喜欢吃的东西，讲自己想说的话。安娜非常尴尬，她开始怀疑：这个人到底是不是自己想象中的那个人？他太自以为是了。因为缺少你来我往的必要沟通，交流陷入了沉默。沉默片刻之后，安娜鼓起勇气说："我想我们可能并不太适合相处。您只属于音乐，并且沉浸其中。而我不需要这些音乐，我需要真实的生活，谢谢您的款待，再见。"

音乐人寻觅知音的故事就这样结束了。后来，他依旧非常孤独，痛苦、失眠折磨着他。许多人只知道音乐人是十分光鲜的，却不知道他十分孤独。

这是一个令人悲伤的故事，同样是一个知音难觅的故事。在笔者看来，并不是知音难觅，而是音乐人不懂得与他人进行沟通，不懂得换位思考。如果一个人想要找到自己的爱人，就要学会换位思考，学会体谅。比如，音乐人在邀请安娜的时候，应提前问一句："您喜欢吃什么，我给您点还是您自己点？"仅此一句话，就可以给对方带来无比惬意的温暖。对方得知你是一个体谅他人的人，对于这种“先予他人而后予自己”的人生态度也会赞赏有加。换句话说，对方知道你的心里有他，并能够为他做出改变。

在商业银行里，银行人服务客户，或者与自己的同事相互配合，都离不开换位思考。马克思认为，每个人都是平等的，你只有用爱来交换爱，用信任来交换信任。换位思考就是一种爱，爱就是牺牲，牺牲自己的自私，牺牲自己的主观。如果人们能够做到换位思考，也就会收获信任与友谊。

某商业银行开展活动，活动在户外进行。由于天气炎热，活动环境非常考验员工的耐心。有一名年轻员工，由于高温，有一些烦躁。因为一点小事，她竟然与客户发生了争执。客户不依不饶，非要让商业银行给一个说法，否则就要投诉。

此时一名有经验的老员工走上前，对客户说：“您消消气，毕竟她还很年轻，做事难免莽撞了点。但是她的心是好的，只是不会表达而已。”她给客户倒了一杯水，说了许多好话，客户才肯罢休，并离开了活动场地。客户走了之后，老员工主动找年轻员工谈心：“你今天表现不错，很快就冷静下来。毕竟今天天气很热，人都会急躁，我也一样，我也能感同身受。”年轻员工一下子抱住老员工说：“姐，今天真要感谢您！您说得对，我本来不想把事情闹成这样，毕竟他是客户嘛，还是您了解我。”

这则小故事淋漓尽致地展现出换位思考在日常交流工作中的应用场景。换位思考是一种有“同理心”的表现，让沟通者能够主动地站在对方的利益角度上思考问题。换位思考广泛应用在各种环境的沟通中，并为沟通提供了有效帮助。

平行沟通第三招：学会分享

某商业银行客户经理小张，是一个能力很强的人。他有一个特点，非常有个性。对团队共同运作的项目，这类人并不能完全体现价值；而对那种个人运作的项目，这类人却非常厉害。话又说回来，商业银行营销是团队营销，这种营销需要所有参与者分享、合作、互助。

有一次商业银行举办公私联动营销活动，公私两条线进行合作。小张是对公客户经理，他所做的工作就是向个人客户经理提供公司客户的私人名单，目的是实现“内外开花”的营销战略。在对接业务的时候，小张犯了嘀咕。他心想：好不容易开发出来的大客户，对接业务之后，恐怕就不是自己的业绩了。说白了，他担心自己的那块个人利益被自己的同事撬走。在对接业务的过程中，小张便表现得非常消极，并对个人客户经理说：“这家公司比较麻烦，公司规定，不允许将内部人员资料外流。”

明白人都知道，一家公司通常只对内部的重要资料有明文的外流限制禁令，对于人员名单并无特别要求。个人客户经理也发现了这个问题，他为了工作多次与小张进行沟通都无果。为了打开局面，商业银行行长找到小张谈话，并问小张：“那家公司真的不提供人员资料，不配合联动营销工作吗？”小张知道瞒不过行长，便支支吾吾道：“相关意见还在沟通，沟通到位后应该是可以的。”

迫于行长的谈话压力，小张才与个人客户经理进行合作，但依旧表现出十分不情愿的样子。后来银行的员工都在背后议论小张，说他太自私，置大局利益于不顾。其中一位主任毫不留情地批评小张：“商业银行给你的职位，就是让你无条件服从大局的安排，配合银行的所有工作。如果你不具备这样的素质，就会有人取代你。”

团队至上的时代，一只狼是无法杀死大象的；而一群狼合力围剿，才有可能把大型猎物杀死。为什么会这样？一个人的力量终究是有限的，世界上没有超级英雄，钢铁侠、超人、美国队长、黑寡妇都是动漫中的人物，旨在解决人类无法解决的难题，或者是为了商业需要而进行的商业包装。通常，孤胆英雄式的孤狼，顶多能杀死一只鹿，对于虎豹之类的凶猛野兽，则无计可施，甚至还会成为它们的猎物。当今社会，有些人自恃高学历，甚至自鸣得意，并夸下海口称自己有天大的本领，但是置身市场，他又无计可施了。本质上讲，一个人的能量只能体现出一个人的贡献。人们给那些不爱分享的人打上了标签，比如吝啬鬼、不合群等。一个有团队意识的人会让自己变成一个合群的人、大方的人、舍小家为大家的人。只有无私的人，才能得到广泛的认可和支持。

有一位年轻人叫苏西，她在某护肤品公司做市场营销。苏西与一位叫安迪的女生共同打理这个区域，但是个人考核是分开的。有一年，安迪在一次客户拜访中吃到了闭门羹。她心情很差，甚至想哭。苏西看到后安慰她："不要灰心，我相信你一定能够成功的！"在苏西的鼓励和陪伴下，安迪鼓起勇气再一次去拜访客户，这一次便成功了。更令安迪感动的是，苏西将自己的一部分市场区域让给了她，并与她一起开发。苏西说："安迪是一位有三岁孩子的单亲妈妈，她更渴望拥有一份出色的成绩单。如果我能确保自己的任务完成，我将尽最大的努力帮她一把！"苏西的这种无私再次感动了安迪，安迪也用自己的实际行动默默回报着苏西。这两个人被公司评为"金刚姐妹花"，这样的评价也是对两个人出众成绩的一种肯定。苏西并不认为自己是无私的，她认为：这仅仅是工作上的一种需求，因为一个人的力量实在太有限了，自己的工作需要自己与安迪进行配合。

哲学家培根认为，如果你把快乐告诉一个朋友，你将得到两份快乐，而如果你把忧愁向一个朋友倾诉，你将被分掉一半忧愁。分享是一种精神，也是一种美德。乐于分享的人，才能得到他人的分享和快乐。而分享，同样是有效沟通的重要元素。

平行沟通第四招：谦虚低调

“谦虚使人进步。”这是老生常谈，谦虚一点、谨慎一点没有坏处。谦虚的人还有一个特点：低调。如今，许多人奉行一种低调做人、高调做事的原则。所谓低调做人，就是不浮夸、不嚣张，收起自己的锋芒，尊重自己的同事；所谓高调做事，就是果断一点、勇敢一点，敢于冲锋、敢于担当。后来，许多人甚至把低调做人和高调做事奉为成功的圭臬。

某商业银行转来了一位年轻人，他是金融硕士，一表人才。加上其过硬的综合素质和不凡的家庭背景，似乎未来银行行长之位非他莫属。初到银行，他便吸引了众人的目光，成为该商业银行的焦点。

起初，这位年轻人还算低调，而且非常有礼貌，有了问题就会问。许多前辈对他也是赞赏有加。后来，年轻人转正后跑企业业务，他的高学历和对口专业便起到了作用。不到三年时间，这位年轻人就被提拔为副主任。当上领导之后，他变了，变得有些不可一世。

有一次，因为活动对接业务，一名员工找到他，希望他配合联动工作。这位年轻人先是采取了一种“爱搭不理”的方式，经过多次催促，他才非常不耐烦地说：“你难道没看到我很忙吗？有这么急吗？等等不行吗？”他一连抛出这些问题，让对接业务的员工直接傻了眼。

后来，行长问起联动状况时，这位年轻人却变了一副嘴脸：

“行长，一切都在安排之中，您放心就行！”当他说完这句话后，行长沉着脸质问年轻人：“我怎么听说对接业务到你那里就卡住了。如果对自己的同事有意见、有看法，你可以提出来！你的业务我可以找别人来干！”

年轻人意识到自己被同事打了“小报告”，心情非常不爽。后来因为一点小事，他便与对接业务的员工大打出手。许多员工说：“这个年轻人太狂妄了，做了副主任就无法无天了！如果以后他当上主任，岂不是要把银行的房顶都拆了？”年轻人因为自己的狂妄得罪了所有人。银行行长也没有姑息，取消了年轻人的副主任头衔，然后将其分配到后勤科档案管理岗位上。

年纪轻轻便狂妄无边，眼睛里没有了别人，这种人是不会取得成功的。真正能够取得成功的人，都是珍惜伙伴的人，愿意与伙伴分享的人，为人处世谦虚谨慎的人。收起自己的狂妄，做一个低调的人，才能够获得他人的认可和尊重。

一位叫霍尔姆的年轻士兵刚刚来到军营，便遭到了一干老兵的嘲笑。一位老兵捏着霍尔姆的脸蛋说：“脸蛋这么嫩，能上战场吗？”还有一位老兵则向他展示结实的肱二头肌，然后连续做了100个俯卧撑，问他：“新兵，如果你也能做100个俯卧撑，我就喊你大哥！”

面对这样的嘲笑，霍尔姆非常镇定、低调。他将行李放下，然后向所有老兵敬礼。那些老兵见他非常有礼貌，就不忍心继续欺负他了。几个月后，霍尔姆完全适应了军营生活，成了一名真正的士兵。他各项军事成绩都不错，但是依旧非常低调。许多老兵夸他：“霍尔姆，不错啊，进步挺快嘛！”霍尔姆总是这样回答：“与你们相比，我还有很大的差距，我还得继续向你们看齐！”讲完这句话，他便向老兵们敬礼。

有一位少校非常喜欢霍尔姆，他认为霍尔姆有朝一日能够成为一名顽强的、勇猛的军人，他说："霍尔姆内敛的性格中带有一种不服输的刚毅，而且他非常低调，总能够与其他人打成一片。"换句话说，霍尔姆的这种低调内敛让他收获了不少的人气。军营里举办各种活动时，老兵们也总是会叫上霍尔姆："唉，伙计！我想有一个活动非常适合你，一起来玩玩吧！"面对这样的邀请，霍尔姆总是非常高兴地接受邀约，并感激老兵们对他的关照。

正像人们预料的那样，霍尔姆凭借其低调内敛、顽强刚毅的作风，成了一名优秀的军官。

这个小故事表明了谦虚低调对一个人的重要性。启蒙思想家卢梭认为：伟大的人是决不会滥用他们的优点的，他们看出他们超过别人的地方，并且意识到这一点，然而决不会因此就不谦虚，他们的过人之处越多，他们越认识到他们的不足。谦虚的人总能看到自己的不足，而骄傲的人总是看到自己的过人之处。巴甫洛夫也有相似的观点，他认为，人们在任何时候也不要以为自己什么都知道。不管别人怎样器重，人们总要有勇气对自己说："我没有学识。"事实上，一个人只有谦虚低调才能收获同事的信任和友谊，继而才能做好一切有关工作的沟通。

平行沟通第五招：拒绝负能量

如今，人们的工作压力非常大，尤其是都市白领，他们就像飞奔的跑车一样忙个不停。

都市女白领阿丽，在某世界500强公司任职，几乎天天都处于高速运转状态。在这样的工作环境下，人会非常疲劳。阿丽有一个闺蜜叫苏菲，两个人共同租赁了一套公寓。苏菲也是一名白领，过着朝九晚五的生活。可以说，两个人的生活轨迹十分相似。

苏菲谈了一个男朋友，后来这个男人“劈腿”其他女孩，两个人因此分了手。苏菲的情绪波动非常大，她总是向阿丽抱怨：“世界上没有一个好男人，我的两个前任都是这样。”阿丽劝她：“凡事要往好处想，只是你遇到了不合适的人而已。”

事实上，阿丽同样经历了一次失败的感情。与苏菲的遭遇不同，阿丽的男朋友因为出国而和她分手。阿丽的感情不顺，工作似乎也不太顺。由于部门调整，阿丽调回到人力部门，阿丽每个月至少少收入几千元。阿丽回到公寓，也向苏菲抱怨起来：“我那个公司，还世界500强呢，简直没有人性！干脆把所有老员工都辞退回家得了，省得老板看着闹心。”

此时苏菲也参与到抱怨的环节，帮着阿丽说话：“阿丽啊，你记住，此处不留爷，自有留爷处。这样的公司就像那些坏男人一样，充满谎言。”

两个人互相抱怨、互相影响，问题也就出现了。阿丽回到公司，似乎就像换了一个人，对工作失去了热情，对待同事、上司也非常冷淡。苏菲呢？她同样活在各种抱怨和牢骚里。她还时常向自己的同事抱怨：“社会真是不公平，坏人为何总有好归宿？”两个人的心态已经失衡，工作质量也随之下降。后来，阿丽辞职，去了一家薪水待遇更差的小公司；苏珊则因为与上司发生了口角，被上司炒了鱿鱼。

两个原本很成功的女白领，最后没有得到自己想要的，反而失去了之前拥有的。世界本就是不公平的，如果人们因为一点点不公平而怨天尤人，恐怕会遭到另一种不公平的对待。法国作家加缪在《西西弗斯的神话》中写道："活着，带着世界赋予我们的裂痕去生活，去用残损的手掌抚平彼此的创痕，固执地迎向幸福。因为没有一种命运是对人的惩罚，而只要竭尽全力就应该是幸福的，拥抱当下的光明，不寄希望于空渺的乌托邦，振奋昂扬，因为生存本身就是对荒诞最有力的反抗。"许多人感到世界的荒谬，并把这种荒谬当作人生的一种悲剧。长期生活在这种悲剧里，人便产生了抱怨、动摇。事实上，这对自己和别人都是一种伤害。

人的负能量有很多种表现，比如前文曾提过的抱怨，抱怨自己，抱怨他人，抱怨工作，抱怨社会，凡是他认为不公平的东西，都会成为抱怨的对象，并且被打上罪恶的标签。越是抱怨，越上瘾，抱怨是一种坏情绪，一种理智管不住感情冲突的表现。一位银行柜员因为工作压力巨大向行长抱怨："行长，那些客户根本不是上帝，长此以往，我会疯！"可是向行长抱怨一番，行长就会给出他愿意听的答案吗？行长会直截了当地告诉他："从服务的角度来讲，客户是上帝；从银行的角度来讲，客户还是上帝。我们会犯错，但是上帝不会犯错！"柜员的抱怨换来的只是行长的批评。

除了抱怨，还有一些人喜欢搬弄是非。某人与某位同事之间有过节，于是采取手段打压自己的同事，比如搬弄是非、说风凉话等。但是细想一下，人们做这样的事情会对自己产生怎样的好处呢？或许有人会说："看到他痛苦，我高兴啊。"这种做法是非常无耻的。事实上，搬弄是非并不会带来什么好处。换句话说，搬弄是非、说风凉话是一种损人不利己的行为。由此可见，能够做出这种事情的人可不是什么聪明人。

对于商业银行的从业者而言，拒绝负能量、拒绝抱怨、拒绝搬弄是非、拒绝说风凉话、拒绝闲言碎语，才能树立良好的职业形象。

第十二章

客户沟通实操技巧

客户沟通第一招：选择时机

客户是上帝，不仅是商业银行的上帝，而且是商业银行从业者的上帝。如果人们把客户置于人的位置上，客户会犯错；如果人们把客户置于上帝的位置上，客户就不会犯错。商业银行从业者与客户发生了矛盾或者争执，商业银行从业者要多做自我反省，找到自身存在的问题。有一位商业银行行长认为：与客户对话，要小心翼翼，才能避免说错话。对于商业银行从业者而言，与客户沟通既要小心谨慎，又要讲究沟通时机。

与客户沟通，是讲时机的。时机，也是中国人极讲究的一门学问。俗话说："机不可失，时不再来。"如果人们错过或者没有赶上最好的沟通时机，恐怕就会造成沟通失效。

1. 现实中要避开哪些情况

（1）不要在客户开会的时候进行沟通。开会是一件很重要的事情，客户正在开会，说明他正在处理一件重要的事。众所周知，打断他人的谈话是不礼貌的，那么打断他人开会更是一种粗鲁的行为。

（2）不要在客户开车的时候进行沟通。有时候，商业银行客户经理拜访客户，在回访途中或许会搭乘客户的汽车。如果客户正在开车，商业银行客户经理应该避免在这种状态下与客户进行业务方面的谈判和交流。

（3）不要在客户休息的时候进行沟通。不管是上门拜访，还是登门办理业务，如果此时客户正在休息或者睡觉，商业银行从业者应该给予充分的休息时间，待客户休息完毕后再开启沟通。为了沟通而影响客户休息，是非常不礼貌的。

（4）不要在客户接待客户的时候进行沟通。银行客户经理上门拜访客户的时候，或许客户正在忙于工作，抑或接待自己的客户。而有些员工非常“聪明”，打算同时拜访两位客户：一名是客户，一名是客户的客户。这种“聪明”往往会弄巧成拙，搬起石头砸自己的脚。

（5）不要在客户打电话的时候进行沟通。例如，银行客户经理正在与客户沟通，此时客户的手机响了，于是他拿起手机接听电话。这位客户经理非常投入，尽管客户打着电话，依然滔滔不绝地向客户提供解答方案，这种行为有可能会造成沟通双方不欢而散的下场。

（6）不要在客户内心失落的时候进行沟通。人人都有心情不好的时候，心情不好的人通常需要一个安静的空间自我调整。如果此时被人干扰，心情不好的人会勃然大怒。因此，商业银行从业者不要在客户心情不好的时候开启沟通，否则只能碰钉子。

2. 现实中哪些沟通时机需要人们好好把握

（1）客户心情非常好的时候。客户心情好，状态也会非常好，他会乐意接受外面的世界。如果商业银行从业者在这时候与客户沟通，客户一定不会拒绝。比如，有一位大姐心情不错，同时有投资理财的想法。在这样的情况下，商业银行从业者就要抓住机会，加快沟通的脚步，借助工具引导并挖掘出客户的需求。

（2）客户非常清闲的时候。客户清闲的状态有这么几种：客户不受工作影响，处于停止工作的状态；客户精神状态饱满，正处于独处状态；客户正在参与休闲活动。换句话说，在客户不受外界环境干扰的情况下，才适合开启沟通谈判。

（3）客户正在寻找该产品或服务的时候。这种例子是非常普遍的，比如客户直接来银行营业厅办理业务或者咨询业务，需要银行的沟通服务。这样的机会，是最成熟的沟通机会。因此，商业银行从业者一定要做好营业厅内的客户沟通服务工作，这项工作也能够体现商业银行的服务品牌。

（4）客户存在问题的时候。有些客户没有问题，不需要银行从业者提供服务和帮助，银行从业者就不要进行多余的沟通；有些客户产生了问题，有了一种沟通需求，商业银行从业者就应该抓住这个机会，在最短的时间内建立起沟通渠道。

（5）客户在休息结束与开启工作之间的这段时间。例如，某银行客户经理得知自己的一位重要客户刚刚从泰国旅游休假回来，三天之后回公司上班，中间有三天的调整时间，这段时间就比较好。因此，这位客户经理对客户进行电话预约，提前敲定沟通时间。

沟通的时机，不是一个固定的时间点，而是处于不断变化之中。因此，商业银行从业者要长期关注客户的动态，了解客户的作息习惯，这样才能更好地安排沟通工作，把相关工作落实到位。

客户沟通第二招：拒绝令人反感的话

俗话说："祸从口出。"一个人得罪另一个人，可能仅仅是因为一句不得体的话。众所周知，讲话是一门艺术。能够讲好话，才能给对方留下好印象；如果讲不好，就有可能给对方留下坏印象。好与坏之间，恐怕就是一句话而已。对于一名商业银行从业者而言，拒绝令人反感的话才能给客户留下好印象，并因此做到有效沟通。

南方某商业银行有一位女客户经理周洁，外号叫百灵鸟。百灵鸟，口齿伶俐，叫声悦耳动听，这名女客户经理就拥有这样一副好的嗓子。有一次，有一名客户来银行办理业务。因为是大客户，他直接来到银行二楼办理业务。周洁接待了他，并给他倒上一杯茶。

这位客户对之前的理财方案感到不满，刚坐下不久便对周洁发起了牢骚："周经理啊，你们给我的这个方案根本没有达到预期效果。我是信任你们了，你们是怎么对待客户的？这不是欺骗嘛！"

其实，这位客户之前的理财是一种带有低风险的理财，而这种风险是无法控制的。周洁采取了一种迂回、婉转的方式，一点一点引导他，并告诉他："您选择的这个方案，是有低风险的哦。而且协议书上也有您的签字。"这位客户本来就是理亏的，后来他也只能承认："我承担这次风险，你还是给我改成没有风险的理财产品吧。"

周洁的服务是非常到位的，她自然会给客户提供好的服务。在周洁好言好语之下，客户更换了方案，也不再继续发脾气。

有些人非常爱面子，甚至把面子看得比命还重要。有礼貌、有涵养的话，是委婉的、动听的、低调的、温和的。如果商业银行从业者能够拒绝令人反感的话，就能做好与客户之间的沟通工作。如何才能拒绝令人反感的话呢？要做到以下几点。

1. 不说大话

有些人总是爱说大话，甚至信口开河。有一位女售楼经理对一名客户说："您果断购买吧，我们公司开发的楼盘在咱们城市最有名，质量好，而且生活交通都很方便，未来有很大的升值潜力。"但是没有想到的是，这位客户对市场行情非常了解，竟然驳斥得她毫无反抗之力。大话说多了，就会露馅。故此，商业银行从业者千万不要对客户说大话。

2. 不说直话

直话，就是脱口而出不加修饰的话，这种话非常锋利，锋利到伤害客户的面子。讲直话的人，虽然被冠以“刀子嘴豆腐心”的称号，但是“刀子嘴豆腐心”的人并不适合沟通。事实上，说话直来直去并不是一种实在的表现，而是一种不聪明的表现。故此，商业银行从业者要不说直话。

3. 不说怨话

抱怨是一种负能量，不但解决不了问题，还会给客户留下坏印象。某商业银行柜员给一名老年客户办理业务，由于老年客户不太懂相关的办理业务，连续尝试多次都没有成功。此时，这名柜员便开始抱怨起来：“哎呀大爷，这么简单易学的东西，您怎么还不行呢？可真愁人！”这句话让老年客户有些不痛快，他对柜员说：“我也不想这样。”后来，这位老年客户以服务质量差为由投诉了这名柜员。故此，商业银行从业者要不说怨话。

4. 不说坏话

在商业银行内，客户经理对客户说坏话的现象还是非常罕见的，但是在其他行业里，这种现象还是很常见的。说客户的坏话，通常并不是指着客户的鼻子说坏话，而是背后议论是非。比如一名销售员背后说自己的一位客户：“肥头大耳，长得那么难看，竟然还这么有钱，真是奇怪！”背后说客户的坏话，说明一个人的人品有问题。故此，商业银行从业者要不说坏话。

5. 不说狂话

现实中，有一些人总是一副很厉害的样子。说白了，就是瞧不起他人，俨然一副“你不高看我一眼，我就不会平等地对待你”的样子。有一位客户认为某客户经理的专业讲解不到位，给的方案不合理。这位客户经理急了，对客户说：“我是金融硕士，你说我专业不专业？我有多年工作经验，你说我专业不专业？”客户听到这样的狂话，多半不会再与之发生交集。

除此之外，商业银行从业者不能说胡话，更不能说假话。想要从根本上解决这样的问题，商业银行从业者要不断地提高自身的修养。修养提高了，说话水平也就上去了。

客户沟通第三招：拉近距离

人们常说，做生意指望回头客。所谓的回头客，就是熟人、朋友、亲人等与你关系比较好的人。这些人对你认可和信任，自然也就会照顾你的生意。商业银行也是如此，留住回头客才是开展业务的核心关键。如何才能让客户变成回头客呢？这个问题恐怕难以用一句话解答。这个问题需要借助一系列的工作才能进行充分解答。但是有一点很重要：拉近沟通者与客户之间的距离。虽然距离产生美，但倘若距离太远，也就不美了。

有一名男子，他四十岁了还没有老婆。男子的父母非常着急，便再次托媒人给他找了对象进行相亲。媒人对男子的母亲说：“我这边有一个委托人，今年也四十岁了，是名单身母亲，孩子七岁了，你是否愿意让他们见一见？”男子的母亲说：“见吧见吧。”

在某个周六的晚上，男子与单身母亲见面了。男子非常客气，甚至有些害羞，说话也是小心翼翼的。这位单身母亲想要与他进一步交流，便问他：“先生，你到底想要找一个什么样的女人呀？你觉得我怎么样？”单身母亲对他的暗示，男子并未听懂，他依旧非常谨慎："你挺好的，挺善良的一个人。"这种所谓的礼貌似乎有些过于拘谨了。整整一个晚上，男子也没有与单身母亲拉近距离，而是客客气气的，就像演戏。

后来，单身母亲见这名男子对他毫无感觉，便起身告辞："先生，我觉得我们俩不太合适。"

单身母亲走后，躲在一旁观察的男子的母亲走了出来，恨铁不成钢地说："我的儿啊，你怎么这么笨？人家看上你了，你还扭捏什么？活该你四十岁还单身。"

这种谨慎和理智是不利于沟通的。如果双方没有感情上的交流与沟通，又能以什么为基础进行进一步的合作呢？说到底，拉近距离、建立信任才是双方互通的基础。那么，商业银行从业者如何才能拉近与客户的距离呢？

首先，商业银行从业者要保持一种沟通的热情。热情能够化被动为主动。一个人如果没有热情，就会给他人一种冷冰冰的感觉。客户看到客户经理热情的接纳和问候，心情就会非常舒畅。在感受到客户经理服务的温度之时，客户也更愿意坐下来与之交流一番。热情，能够使对方心里的冰块融化；热情，能够拉近双方的距离，并让对方感受到你的真诚。没有热情的沟通，是冷冰冰的沟通，是拒人于千里之外的沟通。

其次，商业银行从业者要保持宽容、接纳之心。事实上，一个善于沟通、善于接纳他人的人，会以敞开的胸怀示人。虽然它无法用口头语言形容，但是肢体上、表情上的变化能够被客户捕捉到。比如一个人的微笑、舒展的肢体动作，都是为接纳对方而提前准备的。如果一位银行客户经理眼神游移不定，甚至跷着二郎腿，给人一种轻浮、不尊重他人、不接纳他人的感觉，自然也会被客户拒绝。

再次，商业银行从业者要学会肯定、赞美自己的客户。赞美他人是一种美德，也是亘古不变的。每个人都有希望得到赞美和表扬的心理需求，赞美不仅会拉近彼此间的距离，还可使对方变得积极起来，朝着所赞美的方面努力。法国作家拉罗什富科认为：赞扬是一种精明、隐秘和巧妙的奉承，它从不同的方面满足给予赞扬和得到赞扬的人们。通过赞美为沟通找到一个良好的契机，这真是一种聪明的做法。

最后，商业银行从业者要学会寻找话题，让客户对话题感兴趣。虽然世人皆不同，但是不同的人能够走到一起，完全是因为共同的话题和爱好。如果一个人得知对方喜欢园林，便可以讨论一下园林方面的知识；如果一个人对人生哲学感兴趣，为何不一起聊一聊这方面的知识呢？如果沟通缺乏这类话题，沟通过程就会显得非常枯燥、乏味。客户不爱听，你也不爱讲，到最后，两个人就会不欢而散。

商业银行从业者想要拉近与客户之间的距离，看上去很难，但其实并不难。总结下来，不外乎以下几点：热情、真诚、宽容、学会赞美、寻找话题。如果商业银行从业者做到这几点，也就能够拉近与客户的距离，并建立起沟通合作的关系。

客户沟通第四招：处理抱怨

客户是上帝，也是人。上帝不会产生抱怨，但人会产生抱怨。或者说，一个人的一生，总会被各种各样的抱怨缠身。比如对服务的抱怨，对产品的抱怨，对收益的抱怨，对各种不公平的抱怨。产生抱怨的原因，是自身需求未得到满足，或者没有达到期望值。有一位客户因为办理业务排了很长时间队而抱怨起来：“银行就不能多开几个窗口吗？这么多人排队，比春运买票还难。”产生这种抱怨的原因在于商业银行低效率的业务处理水平，如果商业银行提高了业务处理效率，减少排队情况，客户也就不抱怨了。当然，这是解决根本问题的方法。当客户产生抱怨时，商业银行从业者要给予感情上的安抚，借助沟通排解客户的负面情绪。

首先，商业银行从业者要了解客户抱怨时在想些什么。

有人问："客户在抱怨的时候还能想什么？不就是想要我们帮助他解决问题吗？"要解决什么问题呢？这个问题非常宽泛，并没有具体所指。因此，商业银行从业者需要把客户在抱怨时的想法梳理出来。

在抱怨时，客户想要寻找一位聆听者进行诉苦。众所周知，抱怨是一种负面情绪，这种负面情绪就像洪水遭遇了堰塞湖。如果得不到排解，抱怨就会转化为愤怒等更剧烈的负面情绪。商业银行从业者及时为客户递上聆听的耳朵，才会让客户的负面情绪得到排解。

在抱怨时，客户想要得到关注。比如，客户非常生气，希望问题得到解决。这个时候，银行工作人员需要向客户传达一种姿态，就是立刻行动的姿态。如果银行能够及时让客户感到被关注，客户就会感到宽慰。哪怕事情得不到圆满的解决，商业银行从业者也要通过语言、动作等向客户展现出行动的姿态。

在抱怨时，客户希望得到补偿。补偿的方式有两种，一种是物质补偿，另一种是精神补偿。物质补偿非常容易理解，就是在产品或服务价格上进行适当让利，或者赠送一款小礼物等。精神补偿的方式更多，比如安慰、道歉、行动、服务等。客户甚至有时候需要物质和精神的双重补偿，才能达到期望值。值得一提的是，目前我国商业银行几乎都有相关的"补偿客户"的应急预案，以应对客户出现的各种抱怨。

在抱怨时，客户希望得到深受重视的服务。事实上，有时候客户的抱怨是非常简单的，当他认为你的服务是在敷衍时，他就会因此生气。简言之，商业银行从业者的服务态度、工作态度问题也是引起客户抱怨的重要因素。

其次，商业银行从业者要根据客户抱怨时在想些什么的具体情况制订沟通方案。

处理抱怨的方法前面介绍得足够多了，无非就是真诚一点、积极一点、换位思考、有“同理心”、适当赞美与肯定、适当做出让步、不向客户抱怨等。在这里，笔者再补充一点：要成为客户喜欢的人。那么如何才能成为客户喜欢的人呢？这就不单单要靠沟通工作了，还需要其他方面的有效辅助。比如，一个人的气场。如果在客户面前，商业银行从业者依旧表现出强大的、压迫他人的气场，就难以化解沟通难题。商业银行从业者要学会调整自己的气场，让自己的气场符合处理抱怨时的需求，这样才能化解沟通难题。又如，一个人的知识储备。许多人学完了各种沟通术之后，发现依旧存在无法解决的问题，无法满足客户的需求。这就说明一个问题，商业银行从业者的知识储备不达标。提高自己的知识储备，坚持自我提升，才能收获解决沟通问题之道。

沟通是一门技术，还是一门学问。技术与学问是不同的。技术，是机械性的；学问则给技术提供理性与感性的支持。或者说，沟通是一门哲学艺术，而艺术性的东西只有在创作、变化过程中才能体现灵性。这也表明，想要解决沟通难题，商业银行从业者还要充分调动自己的情绪，让自己处于一个较为有利的状态上，然后借助自己的技术、学问，向客户提供贴心真诚的沟通服务，这样才能从本质上化解客户的抱怨，并将客户拉回到正常的沟通环节中来。